U0918062

图书在版编目（CIP）数据

外国诗歌品吟 ：意强译诗选粹 ／［俄罗斯］普希金等著 ；王意强编译. — 北京 ：北京出版社，2013.3

ISBN 978－7－200－09730－6

Ⅰ. ①外… Ⅱ. ①普…②王… Ⅲ. ①诗集—世界 Ⅳ. ①I12

中国版本图书馆 CIP 数据核字(2013)第 043894 号

外国诗歌品吟

意强译诗选粹

WAIGUO SHIGE PINYIN

［俄罗斯］普希金 等 著

王意强 编译

*

北京出版集团公司
北京出版社 出版

(北京北三环中路 6 号)

邮政编码：100120

网址：www.bph.com.cn

北京出版集团公司总发行

新华书店经销

河北下花园光华印刷有限责任公司印刷

*

880 毫米×1230 毫米 32 开本 9.50 印张 164 千字

2013 年 3 月第 1 版 2013 年 3 月第 1 次印刷

ISBN 978－7－200－09730－6

定价：30.00 元

质量监督电话：010－58572393

外国诗歌品吟

意强译诗选粹

[俄罗斯] 普希金 等 著

王意强 编译

北京出版集团公司

北 京 出 版 社

代序

拍案而起的诗人

——怀念王意强

陈孝英

说王意强之前，我想先说说陈忠实。

关于这位和鄙人同姓兼同龄的大作家，我曾撰文指出他的一个特点：“善于挖掘普通词语背后的巨大潜能和张力。”正因为这个缘故，我经常从其文字中寻章摘句。

比如，他在列夫·托尔斯泰墓前感到“竟有点不知所措”；又比如他对“怀念”一词的妙用：“给同龄的老友们写序，权当写怀念文章呢。我用序言怀念他们，他们活着，看了，多好！他们死了我再写文章，只让家属子女看，跟死者有什么关系？我要是死到他们前边，就没有机会怀念他们咧！”

“怀念”，这是一个多么温馨的字眼，又是一个多么歧异的词语。人们往往把“怀念”和“悼念”混为一谈，其实《词典》早有明示：“怀念”即“思念”，“悼念”则是“怀念死者”。忠实的“名人名言”提醒我们，原来，不一定要等一个人“百年”之后才能写关于他“音容宛在”之类的“怀念”的文章。与其单向地悼念，倒不如双向地怀念。

忠实的一句“怀念”，激活了我对一批师友的遥远记忆。流逝的岁月拂去了尘世的喧嚣，留下了晶莹的回忆。当一个人的生命快要走到尽头的时候，往往会生出怀旧之情，有人说这是衰老的征兆，其实换一个角度看，难道它不也是对遗忘的拒绝、对麻木的挑战吗？

在众多的师友之中，首先跳进我“怀念”之列的，就是他——诗人王意强。

我们是西安外国语学院（现西安外国语大学）俄语系的同级校友。上大学时我和他没在一个班，连是否交谈过也不记得了。只记得一双炯炯有神的大眼睛和一身儒雅之气使他在那灰暗的时代背景中显得卓尔不群。内子王信芳毕业后分配到西安外语学校，几年后他也从省女中调来做副校长（此时“西安外语学校”已更名“陕西外语师专”），我与他这才开始有了交往。

那时“文革”刚刚结束，被禁多年的翻译作品开始重现于报首刊尾，使一批“译痴”欣喜不已，摩拳擦掌。记得当时我周围最痴狂的有3位，那就是时任外语师专副校长的王意强和他麾下的李四海、颜志侠。意强之“痴”或许尤甚。译《勃洛克诗选》（出版时更名为《青春·爱情·畅想》）时，他栖居在教学楼上，净水要从楼下提上，废水又要从楼上提下。我打趣他：“难怪阁下译诗用词考究，原来上下不断提水，让你有足够的时间斟字酌句。”译《我心中的女皇》时，意强已退休回家，连张书桌也没有，只好趴在饭桌上从事神圣的翻译工作。他自嘲“《我心中的女皇》是饭桌上的产品”，我则赞此书“色香味俱佳”。

摆在读者诸君面前的这本《外国诗歌品吟——意强译诗选粹》，则是他在患上眼疾、视力严重衰退的情况下完成的。人们恐怕很难想象，这样浪漫的一部诗集，背后竟藏着一段如此艰辛的译程。

我常想：究竟是什么力量支撑着意强以及他的一大批“同类项”，克服了常人无法想象的困难，去完成一字字、一句句、一行行译作？我以为，是热爱，是一种与生俱来的对文字、对文学、对文化、对精神世界的情有独钟。

对一名知识分子来说，还有什么比读书、写书（译书）和出书更能体现其人生价值的东西呢？书是他与世界对话的连通器和扬声器，是他的精神家园和价值标尺；读书、写书（译书）和出书是他不可割舍的生存方式、生活方式和生产方式，也是他

“干预生活”、影响世界、改造社会的首选方式。

人生有些事情，结果要比过程重要得多，比如买彩票、参赛、竞选、协调（从最简单的民事纠纷到最复杂的国际纠纷），还有经商；另一些事情，过程也许比结果更具魅力，比如“饮食男女”，即餐饮文化和情爱。而对知识分子来说，这个世界上有一件事情从过程到结果都同样可爱、同样宝贵、同样魅力无穷，那就是跟书打交道，包括读书、写书（译书）和出书。就出书而言，读书和写书（译书）都只是一种过程，出书固然重要，可是有哪一位知识分子会告诉你“我只喜欢出书，却不愿读书和写书（译书）”呢？

意强译诗，纯系自学成才。人们一般认为，“自学者”特指“未上大学者”，这是一种误解。其实，大学最重要的任务是教会你学习、认知、思考、研究的习惯和方法，更多的知识、技能和本领都是要靠你日后自学的，这一点对学外语的尤为重要。西安外院教给意强的33个俄语字母和浮光掠影的俄罗斯文学知识，远远不足以达到他译诗的起码要求。于是他博览群书，充实自己，同时广寻佳作，一旦选中目标，便悉心研究其人其史、其诗其（意）境。翻译过程中，凡遇到难处便不耻下问，八方拜师。20 世纪 80 年代，居然专程前往洛阳解放军外语学院，向翻译专家石枕川教授虚心求教。

通过多年的翻译实践，意强还总结出一套颇有见地的诗歌翻译主张，比如“反对散文化的诗歌翻译”，“译诗要重视汉语押韵的特点，力求译文朗朗上口”。特别是他提出了一个重要的译诗标准，那就是“基本形似，力求神似”，即诗句的长短、分行等均应与原译基本保持一致，而在诗歌的内涵、意义等方面，则应力求其神韵。

意强常说：传达出原诗之意境，乃译诗的至高境界。我想说：“基本形似，力求神似”，是诗歌翻译家王意强为诗歌翻译通向这一“至高境界”所树起的一个路标，是他为“信达雅”的翻译标准在诗歌翻译中具体化所作出的一个贡献。

意强不仅是一位诗歌翻译家，他本人更是一位多产的诗人。创作和翻译诗歌，使他自内而外透散出一种不会误辨的诗人气质。这种气质，鲜明地表现在他曾多次义无反顾地“拍案而起”。那是一种纯诗人的“拍案”和纯诗人的“雄起”。

1979 年年底，我在西安外院教外国文学史，第一讲《世界文学中的幽默》胎死腹中。被“取消”的理由是，领导“担心学生很难接受这种过于理论化的选题”。我抱着“死马当作活马医”的态度敲开了意强在外语师专的校长办公室，把那份被“取消”的讲稿放在他面前。两小时后，他登门造访，兴奋地对我说：“我历来认为，学外语的学生除了专业之外，最需要两门知识：一是外国文学，二是幽默，你这是一箭双雕呵！”

外语学院认为本科大学生接受不了的“理论化”课题，外语师专居然认为大专学生能够接受，这使我深受鼓舞。

实践的结果证明，校长对其学生的接受能力没有高估，讲座的气氛十分热烈。讲座的成功不仅验证了校长的眼光，而且又一次见证了诗人“拍案而起”的风采。

意强的这种诗人风采，在我处境维艰的20世纪70年代末屡显“峥嵘”。

一次是我骑自行车被卡车撞伤，车梁撞折，人住进了医院。整个外院几乎无人敢去探望我这个“被隔离审查者”，他却拍案而起，当即连夜骑上自行车，从北郊驱车20多里赶到南郊看我。

王信芳问：“这种时候你还敢来看他?”

他理直气壮地回答：“我来看我的老同学兼我的员工家属，有什么不敢的?”

另一次是外语师专提工资。讨论到王信芳时，有人提出，眼下陈某人正在接受审查，为慎重起见，要不要先放一放？这时，他又一次“拍案而起”：“为什么要放一放？且不说对老陈的审查还没有结论，即便陈孝英有问题，于王信芳何干？都什么年代了，咱们还能再搞株连吗？”

提起这两件事，王信芳至今仍感叹不已：“多亏了他！”

20年后，2001年春，陕西省译协文学翻译委员会召开工作会议，会上我提议，在座的各位“译痴”每人拿出1000元，创办一份文学翻译丛刊。他第一个响应，不假思索地拍案而起，当场将10张崭新的百元钞票交到我手中。

自豪感和悲壮感同时涌上我心间，我不禁想起当年我们的父辈为抗美援朝捐献飞机大炮时那份久违了的豪情。

几个月后，在《译苑》创刊号《卷首语》中我仰天长叹：“痴迷，使命感，文化情结——这就是我们中国的知识分子，这就是我的乡党、校友和同人！”

又过了7年，2008年9月，北京地区校友决定聚会庆祝两个“50周年”（1962届入学暨“西北俄专”更名“西安外院”），邀请陕西地区昔日同窗派代表参加。原定有好几位结伴同往，后均因临时有事未能成行。聚会在即，我给意强去电征询：在无人相伴的情况下，你还能否前来？他又一次拍案而起："去！一个人也去！"

会议结束后踏上返程之前，他欣慰地对我说："我带着两个'担心'赴京，现在可以带着两个'放心'回家了：纪念文集印得很精彩，你的身体也没大碍。"

其实，他抵京前，同窗窦光宇和刘春英就已经告诉我："王意强这次赴京肩负着一个重要任务，就是代表大家去看看你的身体到底如何，我们都不放心你！"

老友的关切把我的心烤得暖融融的，被人呵护的感觉真好！

我和意强要么是"前世有缘"，要么是"今生投缘"，虽过从未必多密，然惺惺相惜，互存敬慕。

我的第一部自传《哀泪笑洒》出版后，他第一个打来"贺电"（祝贺的电话）："你在我心中树起了一个高耸的标杆。"半年后，他在该书座谈会上发言时重复了这句话，并在结尾时一句一顿地大声疾呼（从转义到直义）："我衷心祝愿孝英，能青春永驻，笑容常绽，笑到最后，才是好汉！"（暴风雨般的掌声）

其实，在我的心目中，此公才是一条"南北合璧"的好汉。他祖籍江南，长在北国，集灵气与胆略于一身。他热爱生活，使我也受其感染，开始放慢人生的脚步，去享受身边那一个个美好的令人感动的瞬间。他“拍案而起”的诗人气质我尽管很难学到手，却为我提供了一捧“圣水”，让我对自己脆弱的灵魂实施了几番圣洁的洗礼。特别是在当今物欲横流、人心不古的情况下，他既不“以貌取人”，也不“以财、权、势取人”的我行我素做派，更令我感佩。仅此一端，就足以让我向这位屡屡拍案而起的诗人回敬一个同样的“贺电”：

“你在我心中树起了一个高耸的标杆！”

2011年6月12日于西安

外国诗歌品吟

——意强译诗选粹

目录

第一部分 · 欧洲诗人

普希金[俄罗斯]

勃洛克[俄罗斯]

罗日杰斯特文斯基[俄罗斯]

奥列格·谢尔盖耶维奇[俄罗斯]

第二部分·美洲诗人

第三部分·非洲诗人

第一部分

欧洲诗人

普希金 [俄罗斯]

▷▷▷

亚历山大·谢尔盖耶维奇·普希金（1799—1837），俄国诗人，俄罗斯近代文学的奠基者和俄罗斯文学语言的创建者。1799年6月6日诞生于莫斯科一个贵族地主家庭。1811年，普希金随伯父去了彼得堡，进入为贵族子弟新办的皇村学校。他从学生时代就从事写作。最早的情诗《赠娜塔利亚》写于1813年，第二年，《致诗友》一诗发表在《欧罗巴导报》上。他一生短暂，但作品极为丰富，写了大量的抒情诗，还有长诗《茨冈》《高加索的俘虏》《强盗兄弟》《巴赫契萨拉依泪泉》，以及著名的《叶甫盖尼·奥涅金》。他还创作了不少戏剧。普希金的重大贡献，在于创建了俄罗斯文学语言，确立了俄罗斯语言规范。在俄罗斯文学史上，他一直享有很高的地位。

□ 梦境

但是，我喜欢回忆童年，
呵，我不能对奶娘闭口不言，
在那美好、神秘的夜晚，
她戴着寝帽，穿着古老服装，
忠心地为我祝福，
用祈祷把灵魂驱赶；

并小声给我讲述，
死人的故事和鲍娃的功勋……
我常常害怕地微微抖颤，
屏住呼吸，偎依在她的衣下，
已感不到双脚和脑袋在何边。

1816 年

□ 冬天的夜晚

我们破旧的茅舍
既忧伤又黑暗，
我的奶娘你为何
沉默地坐在窗前？
也许是风雪的呼啸
使你，我的朋友，感到厌倦，
或是你那嗡嗡的纺锤，
使你感到昏昏欲眠？
我青年时代的女友，让我们举杯畅饮，
借酒消愁，酒杯又在何处？
让心情将变得灿烂。
请给我唱首歌，唱那山雀
平静飞翔在海的那边，

请给我唱首歌，唱那少女
她每天清晨汲水去到水泉。

1825 年

□ 致保姆

我严酷岁月的女友，
我衰老的白鸽！
在茂密的松树林中，
你很久很久在等待我。
你在明亮小屋的窗前，
仿佛在站岗，心情很难过，
在你那双布满皱纹的手上，
织针在不时的延搁，
你望着已忘怀的大门，
还有遥远的黑色道路，
寂寞、预感和惦念
在不时地将你的心胸折磨，
你仿佛觉得……

1826 年

□ 我再次造访

这就是那幢被贬黜的小房，
这里曾住过我和可怜的奶娘。
老妈妈已经逝去，在墙外
我再听不到她沉重的脚步声响，
也看不到她清晨的四处查访。
在暴风雪呼啸的晚上，
我再也不能聆听她给我讲述
从童年就已稔熟，但无比美好的故事，
就像祖国的诵歌，或是书中的华章。
你知道，那是怎样一本心爱的书，
每个词都恰如其分，……往往，
那朴实的语言和忠告，
连数落、责备也充满关爱，
从而振奋起我疲惫的心房。
那静静的快乐，使我当年
变得更加年轻而顽强……

录自草稿 1835 年

□ 致……

为什么要用阴郁的思想，
去滋养那过早的沉寂；
为什么要在畏葸的沮丧中，
去等待那不可避免的别离？
痛苦的日子已经如此临近！
在静谧的旷野里，
你将独自去回忆，
那些日子早已被你抛弃！
不幸的人呵！到那时你将准备，
以流放和坟墓去赎买，
哪怕是亲爱姑娘的一声话语，
哪怕是她那轻盈的步履。

1820 年

□ 致希腊女郎

你在人世之间的诞生，
就是为了把诗人的想象点燃，
用殷勤、伶俐的问候，
用东方热情的语言，
还有明亮如镜的目光，
以及不太礼貌的腿脚，
使他不安，使他迷恋。
你诞生就是为安逸和慵懒，
就是为了陶醉于热情之间，
告诉我，当歌手列依拉
在理想的高空中描绘
永远不变的意愿，
那痛苦而可爱的诗人，
是否已塑造出你的容颜？
也许，在遥远的国度，
在神圣的希腊天空下面，
充满灵感的受难者，
认出或看见你，宛若在梦幻，
并把永不忘怀的形象，

珍藏于心灵的深处。
也许，魔术师将你诱惑，
用那幸福的灵感，
使你那自尊的胸中，
不由得激情盎然，
而你，紧靠着他的双肩……
不呵，不呵，我的朋友，我不愿，
滋养忌妒理想的火焰。
我已久久和幸福无缘，
欣赏它我感到新鲜，
而且，我们在隐藏的忧伤中深陷，
我惧怕，那珍爱的一切终归虚幻。

1822 年

□ 护身符

请保护我，我的护身符，
在受迫害的日子请保护我，
还有在懊悔和不安的日子，
在悲伤的日子你赠与我。
当海洋扬起波涛，
我周围是巨浪咆啸，

当阴云突起风暴，
请保护我，我的护身符。
在对异国感到惊讶，
在寂寞安详的怀抱，
在烈火战斗的恐慌中，
请保护我，我的护身符。
神圣、甜蜜的欺骗，
心灵神奇的明亮……
它消失了，改变了……
请保护我，我的护身符。
让一生心灵的创伤，
别再引起回忆的忧伤，
告别了，希望，沉睡吧，愿望，
请保护我，我的护身符。

1825 年

□ 焚毁的信

别了，爱的书信！别了！她吩咐……
我久久地迟疑，我久久地不愿
亲手把所有的欢乐交给火焰！……
但是够了，时辰已到，烧吧，爱情的书简。

我已准备好，我的心不再挂牵，
贪婪的烈火就要吞噬你的信笺……
只要一分钟！……火焰明灭，化作一缕轻烟，
烟火升腾，我们祈祷也随之消散。
已经失去印痕的定情的戒指，
和封口的火漆一道融化、沸腾……呵，苍天！
大功告成了！焦黑的信笺又皱又卷，
在轻飘的纸灰上，那些海誓山盟的字迹
白光闪烁……亲爱的灰烬啊，我感到呼吸困难。
你是我凄凉命运中可怜的慰藉，
将和不幸珍藏在我悲伤的心间。

1825 年

□ 给奥西波娃

或许，我过不了多久，
就要去和平地流放，
轻轻叹息可爱的往昔，
并把我无忧无虑的心灵，
献给宁静中的乡村缪斯。
但是就在这里，在异乡，
我也会朝朝暮暮梦牵魂绕，

来到三山村的周围游荡；
或走进花园中宅旁的菩提树荫，
看望那些草场、小河和山岗。
当那明亮的白天将尽，
从幽暗的坟墓深处，
会飞出一个思乡的影子，
他总是向着那故园，
并向亲人投过深情的目光。

1825 年

□ 致 E. H. 沃尔夫

假如生活欺骗了你，
不要心焦，也不要烦恼！
阴郁的日子里要心平气和；
相信吧，那快乐的日子就会来到。
心儿会在未来变得活跃，
尽管现在那么无聊；
一切都如云烟，一切都会过去，
而那过去了的，都又使你感到美好。

1825 年

□ 表 白

我爱您，哪怕我发狂，
哪怕这努力和羞耻都是无望，
可我在您的脚下只得承认，
这是一种不幸的愚蠢！
我的相貌和年龄都配不上您……
唉，是时候了，我该变得明智！
可我从种种迹象看出
我心头患了相思病：
您不在，我就寂寞——唉声叹息，
您来了，我又忧郁——心中焦急。
我想说这句话，可是有口难启！
当我听到从厅堂传来，
您轻盈的脚步和衣裙的窸窣声，
或是您少女的天真的娇音，
我会突然失去全部的理性。
您露出笑容——我就快乐，
您转过身去——我就苦闷。
您细白的纤手轻握我一下，
就是我折磨了一天的奖品。

当您坐在绷架前，微微欠身，
一针一线地在刺绣，
垂下您的鬈发和眼睛，
我丢魂荡魄，默不作声，
柔情地欣赏您，宛若孩童！……
啊！当您有时在阴雨天，
打算散步到很远的地方，
我能否向您倾诉我的不悦，
我那满怀妒火的悲伤？
还有您孤独时的眼泪，
还有在角隅两人的私语，
还有奥波奇卡城的旅行，
还有黄昏时的钢琴声？……
阿琳娜！可怜我一下吧！
我不敢奢求你的爱情。
或许，因为我的罪孽，
我的天使，我不配这爱情！
可是伪装一下吧！这一流盼，
会带来多么奇妙的春天，
啊，骗我一下并不困难，
而我又多么乐意让您欺骗！……

1826 年

□ 致凯恩

我记得那美妙的一瞬：
我面前曾出现你的面影，
宛如一闪即逝的梦幻，
宛如纯洁美丽的精灵。
在那绝望忧伤的折磨中，
在那喧嚣奔忙的烦恼中，
你温柔的声音久久响在我的耳畔，
睡梦中常出现你可爱的面容。
韶光流逝，那暴风雨般的激情，
已卷走了我昔日的幻想，
而我也忘却了你温柔的声音，
和你那美如天仙的倩影。
在穷乡僻壤，在阴暗的幽禁中，
我挨过了那些无声的岁月，
没有神明的启迪，没有灵感，
没有眼泪，没有生活，也没有爱情。
忽然你又出现了，
我死寂的灵魂顿时苏醒，你——
宛如一闪即逝的梦幻，

宛如纯洁美丽的精灵。
心儿啊又变得欢快激荡，
因为它里面一切又重新复活了，
有了神明的启迪，有了灵感，
有了生活，有了眼泪，也有了爱情。

1825 年

□ 即使和你相隔很远

即使和你相隔很远，
我也不曾和你别离，
那疲惫的嘴唇和眼睛
会时时折磨我的记忆；
我宁愿在平静中憔悴，
也不想寻求任何慰藉，——
啊，倘若我上了绞刑架，
你会不会为我叹息？

1827 年

□ 肖像

那是一团火焰似的心灵，
里面充满着狂暴的热情。
北国的淑女啊，在你们中间，
她有时冲破樊篱的禁令，
完全无视社交界的清规戒律，
耗尽气力，向外横冲，
宛如一颗出了轨道的流星，
在有序的天界里掠过身影。

1828 年

□ 圣母（十四行诗）

我不愿用许多古代大师的图画
来装饰美化自己的住房，
让来访者迷信地表示惊讶，
关注着内行重要的评讲。
在我简朴的角落，在缓慢的工作中，
只有一幅画我愿永远观赏，

这幅画：不是从画布上面对我，而仿佛是从天上，
它是那么圣洁，是我们神圣的拯救者——
她是那样庄严，她眼中充满智慧，
他们温和地观望，充满荣耀的光亮，
在锡安的棕榈树下，没有天使，
却实现了我的一些愿望。
造物主把你赐给了我，你呵，我的圣母，
最圣洁美好的最圣洁的形象。

1830 年

□ 致索洛古勃

不，不，我不应，不敢，也不能，
疯狂地沉湎于爱情的冲动。
我应严格地珍惜自己的平静，
我不能再让心灵陶醉与放纵。
不呵，我已受够了；但究竟为何，
我不能偶尔陷入转瞬即逝的憧憬，
当我的面前意外地经过
那年轻、纯洁、天仙般的丽影，
经过又消隐？难道我不能
去欣赏一个少女，忧郁而又微带甜蜜的苦痛，
眼睛追逐着她，并在平静中
深深地祝福她欢乐和高兴，
全身心地祝福她此生美满如意，

祝福她心灵愉快，吉祥安宁，
祝她一切都好，甚至也祝福那个人，
他将给这位可爱的少女冠以妻子的名称。

1832 年

□ 美人

她身上的一切都优美和谐，妙不可言，
一切都超越了平静安详和热烈情感，
她腼腆羞怯，静默于
自己辉煌的姿色中间。
当她对自己顾影流盼，
没有一个女人能和她相攀，
她那光彩照人的容颜，
使我们周围的美女失色黯然。
不论你忙着去做什么事情，
哪怕是和心上人相见，
不论你的心头荡漾着
何等隐秘的梦幻，——
可只要碰见了她，你顿时
会痴痴地停着脚步，惶惑不安，
而对这美丽绝伦的尤物
不由倾注出那虔诚的爱恋。

1832 年

勃洛克 ［俄罗斯］

▷▷▷

亚历山大·亚历山大洛维奇·勃洛克(1800–1921)，俄国诗人。生于彼得堡贵族家庭。1898年入彼得堡大学法律系，1901年转入语文历史系。1903年同著名化学家门捷列夫的女儿结婚。同年，开始在象征派杂志《新路》上发表诗作。1904年出版象征派诗作《美女诗草》，以神秘形象的描绘，歌颂永恒的纯洁美丽的女性和“世界之灵”，有脱离现实的倾向。1905年的革命使他面向社会生活，写出一系列诗作，表达对祖国、对生活的热爱。十月革命后，从事文化宣传工作。他预言俄国将成为一个伟大的新型国家。其代表作《十二个》反映了十月革命的伟大风暴和新旧两个世界的尖锐对立。他是俄国象征派诗歌的积极代表，也是俄国诗歌史上革命时期新旧交替中承前启后的大诗人。

□ 我追求那美好的愿望……

在那里，曾开过一朵小花，
它芬芳馥郁，美妙绝伦……

茹科夫斯基

我追求那美好的愿望，
我奔向那秀丽的地方，

圣洁的田野多么宽广，
宛若进入神奇的梦乡。
繁茂的三叶草和纯朴的矢车菊，
在那里竞相开放，
轻声的絮语永远回响：
穗儿低垂头……道路通远方！
只有一朵花漂在海洋，
只有一朵花随青草俯仰……
它在雾霭中，你没有看见，
我却见了，我要摘取这芬芳！

1898年8月7日于捷多沃①

□ 当城市隐入夜幕……

当城市隐入夜幕，
当忧虑进入梦乡，
啊，天堂的神曲又响了，
尘世的喧嚣显得多么平常！

如果火红的玫瑰为我吐艳，

---

①捷多沃：勃洛克叔祖母 А. Г. 科瓦连斯卡娅在莫斯科近郊的庄园。

生活的风雨又算得了什么！
当胭红的晚霞缀满西天，
人类的眼泪又算得了什么！

越过鲜血、痛苦和灵柩，
万能的主啊，请你接受，
我这不敬不肖的奴仆，
献上这杯激情的烈酒！

1898年9月（?）（1919年6月2日）①

□ 我记得，我俩曾在一起……

我记得，我俩曾在一起……
夜晚充满激情，琴声如诉如泣……
在你紧紧依偎我的日子里，
你像吐蕊的花儿一刻比一刻艳丽……
那如潺潺流水的琴声，
你那神秘娇媚的笑意，
在催我热烈地吻你，吻你，
而琴声仿佛要潜入心底……

1899年3月9日（1918年4月）

---

①括号里的日期为诗稿最后修改的时间。下同。

□ SERVUS-REGINAE[①]...

不要召唤。纵然不召唤
我也要进入圣殿。
默默地将头俯向
你的脚边。

我将听候你的支配
胆怯地期待召唤。
不放过这短暂的相会
再次表明心愿。

我早已被你热情的威力征服，
坠入情网思绪绵绵。
我有时当仆人，有时是爱人，
而做奴隶则是永远。

1899年10月4日

---

①拉丁语，意为“奴隶致女皇”。

□ 为了今天短暂的梦境……

为了今天短暂的梦境，
即使明日将会消沉，
准备向死神投诚的
是年轻的诗人。

我不是这样：即使噩梦
将我幽禁，
我在危急时刻也要挥动翅膀
抛弃萦绕的梦魂。

于是，又是彷徨，又要追求，
我又要准备聆听，
听那生活搏斗的歌声，
直至新的梦魔降临！

1899年12月25日（1919年1月18日）

□ 天空余晖火红，黑暗死般寂静[①]……

天空余晖火红，黑暗死般寂静。
高大的林木在我的四周聚拢，
但是从遥远而神秘的城市，
却清晰地传来絮语声声。

你会看到栉次鳞比的屋舍，
还有塔楼，还有布满炮眼的垛口，
昏暗的花园隐没在石墙后面，
古要塞的城墙高高耸入云头。

一颗好奇的心儿在激荡，
想透过世纪的厚厚屏障，
再看看城市的繁华，市声的喧响，
以及街上人流如潮，车来马往。

1900年6月10日

---

①据勃洛克解释，这首诗表现了他这样的印象：被夕阳映照的桦木林和云彩，看上去就像是中世纪的城市。

□ 风儿从遥远的地方……

风儿从遥远的地方，
捎来一丝春天的歌唱，
有一小块天空豁然开朗，
显得深邃而又明亮。

这天空的蔚蓝深不见底，
春天虽已临近，仍然云遮雾障，
冬日的暴风雪在哭泣，
群星的梦魂在天空徜徉。

我的琴弦还在哭泣，
犹豫、黯淡而悲伤。
但风儿已从遥远的地方，
捎来你嘹亮的歌唱。

1901年1月29日

□ 我孤独地来到你的身边……

我孤独地来到你的身边，
心中燃烧着爱情的烈焰。
你问卜吗，莫把我呼唤。
我自己早就抽过神签。

我靠求神问卜，才摆脱了
岁月的沉重负担。
我又问起了你的凶吉，
但偈语朦胧而不明显。

那沉湎于玩牌占卜的日子呀，
我依然留恋，再莫呼唤……
我只是担心爱情的魔火
是否很快就会消散？

1901 年 6 月 1 日于沙赫马托沃①

---

①沙赫马托沃：勃洛克外祖父 A. H. 别凯托夫在莫斯科近郊的庄园，后为诗人所掌管。

□ 我期待着，岁月流逝过身边

如果你在思慕、在眷恋，尘世
的噩梦便会视而不见。

弗·索罗维耶夫①

我期待着你，岁月流逝过身边，
我期待着你，心中的花容依然。

天边朝霞似火，亮得刺人双眼，
我在默默地等待，思慕而眷恋。

天边朝霞似火，转眼你便要出现，
但我感到惧怕：怕你容颜骤变。

如果你真的最终改变了常态，
那么，会勾起我的多少杂念。

呵，我如同跌进深渊，好重好惨，

---

①弗拉基米乐·谢尔盖耶维奇·索罗维耶夫（1853—1900），抒情诗人，神秘宗教哲学和政论家，曾给年轻的勃洛克以深刻的影响。

破了我的幻梦，负了我痴情一片。

天光亮了！灿灿朝阳就要升起。
但我感到惧怕；怕你容颜骤变。

1901年6月4日

□ 黄昏，春日的黄昏……

傍晚时分，你是否又会等到小船，
还有木桨和隔岸的灯火，
并偿还你的心愿？
费特

黄昏，春日的黄昏，
冰凉的海浪在脚下翻滚，
心中充满缥缈的希望，
浪花向着沙滩飞奔。

是回音，还是远方的歌声，
但是，我无法分清。
在那里，在河的彼岸，
哭泣着一颗孤独的心。

是我的秘密正在实现，
还是你在远方呼唤、招引？
小船在颠簸，起伏，
正沿着河流激进。

心中是缥缈的希望，
有人迎面来，我飞奔……
彼岸一片反光、回声，
还有正在降临的春日黄昏。

1901年8月16日

□ 雾蒙蒙的早晨我正起床……

雾蒙蒙的早晨我正起床，
旭日倏然将我的脸庞照亮。
这是你吗，亲爱的女友，
正启步登上我的门廊？

快敞开沉重的大门！
让阵阵晨风吹拂晓窗！
如此欢快的歌声，
很长时间没有飞扬！

雾蒙蒙的早晨，随歌声一起，
旭日和晓风扑向我的脸庞！
亲爱的女友，随歌声一起，
正启步登上我的门廊！

1901年10月3日

□ 白昼飞快地移动着它的身影……

——致谢·索罗维耶夫①

白昼飞快地移动着它的身影，
祈祷的钟声袅袅飞升。
阳光洒满教堂的台阶，
苏醒了的台阶正等你登临。

你将从这儿穿过，踏着冰凉的台阶，
穿着几世纪前令人惧怕的圣装。
也许，你会失落一朵春花，
在昏暗中，在肃穆的圣像旁。

①谢尔盖·米舍依洛维奇·索罗维耶夫（1885—1942），象征派诗人，弗拉基米尔·索罗维夫的侄子和继承人，勃洛克的表弟。1905年以前，是他最亲密的朋友之一。

蔷薇花影迷迷蒙蒙，
祈祷的钟声袅袅飞升，
古老的台阶一片幽暗……
我身披阳光正等你迈步攀登。

1902年1月4日

□ 我们住在古老的小房……

我们住在古老的小房，
屋旁春水漫淌。
这里的春天洋溢着欢乐，
河流尽情歌唱。

但是，当欢乐还未来到，
春日骤起风暴；
我们相信，一抹明亮的蔚蓝
会在小房门前照耀。

在那长久等待的岁月，
心中充满隐隐的战栗；
我们要沿着泥泞的道路，
驰向难以描绘的光明天地。

1902年2月18日

□ 我和你在日落时会面……

我和你在日落时会面，
你摇桨划开海湾。
我爱你洁白的裙衫，
不再留恋高雅的梦幻。

无言的相会多么神奇，
前方是漫长的沙滩，
夜晚的明烛在滩上点燃，
有人把苍白的丽人思念。

蔚蓝的寂静不会容许
这亲近、爱恋和烈焰……
于是，我们相逢在暮霭中，
涟漪和芦苇起伏在岸边。

没有思念，没有爱情，没有伤感，
一切仿佛死亡、过去、离散……
唯有圣洁的身躯，祷告的声音，
还有你的木桨金光闪闪。

1902 年 5 月 13 日

□ 我走进幽暗的教堂……

我走进幽暗的教堂，
去做那可怜的祈祷。
我期待着华美的圣母，
红色神灯在四周闪耀。

高大的圆柱投下阴影，
大门的轧轧声让人心惊。
只有通明的圣像望着我，
还有思念她的梦境。

呵，庄严、永恒的爱人，
你那金光闪耀的服饰我已见惯！
在那高耸的飞檐之上，
萦绕着微笑、传说和梦幻。

呵，圣母，烛光多么柔和，
你的形象令人心旷神怡！
听不见丝毫叹息和言语，
但我相信：爱人就是你。

1902 年 10 月 25 日

□ 我做了一个愉快的梦

我做了一个愉快的梦，
我梦见，我并非孤身只影……
凌晨，我被阵阵喧响吵醒，
那是河面上断裂的浮冰。

我思忖着已经实现的奇迹……
在那边，愉快的人们把斧头磨利，
欢笑着，点起篝火一片，
篝火中，他们满身红遍。

他们把树脂涂上沉重的小船……
河流高歌，波涛声喧，
蓝色的冰块和浪花争相漂流，
还有木桨的碎片随波逐澜……

不寻常的情感在心中回旋，
愉快的喧响使我如醉如癫……
和我同在的，是春日的思念，
我知道，你也不会孤单……

1903年3月11日

□ 我苏醒了，田野上大雾茫茫……

我苏醒了，田野上大雾茫茫，
而我却在阁楼上指点朝阳。
我苏醒了，没有丝毫的愿望，
平静得如同我思念的姑娘。

黄昏时，我在路上徜徉，
发现窗口映现红色的火光。
玫瑰般的姑娘站在门旁，
对我说，我魁梧又漂亮。

善良的人们，这就是我的全部经历，
更多的我也不向你们诉讲：
我从来也不幻想奇迹，
请你们心平气和地把它遗忘。

1903年5月2日

□ 你在悄声细语中诞生……

你在悄声细语中诞生，
潜入花园趁着夜色渐浓。
披一身樱桃般的鲜红，
捎来了春天的致敬。
从此，不论黑夜和白昼，
我面前都浮现着你的倩影，
园中的白花芬芳馥郁，
湖畔细碎的脚步轻轻，
但请勿将辗转的失眠，
赶入晶莹的夜空。

1903 年 5 月（1908 年 12 月）

□ 提琴在山下低吟曼唱……

提琴在山下低吟曼唱，

如梦的公园里夜色漫长，
漫漫长夜露出纯朴的面容，
姑娘的倩影就在我的身旁。

提琴低吟，不知疲倦，
“生活下去……”它对我轻唱。
温柔爱情的艳史，
全记在亲爱的姑娘丽影身上。

1903年6月10日于Bad Nauheim①

□ 透明的风儿渐渐停息……

透明的风儿渐渐停息，
苍茫的暮色步履蹒跚，
乌鸦在松树枝头降落，
轻轻拨动那沉寂的琴弦。

在幽暗的异乡客地，
你是怎样将我思念？

---

①Bad Nauheim：巴特瑙海姆，德国一疗养小城，勃洛克于1897年、1903年和1909年曾去过三次。

回想这纯朴的爱情，
你在睡梦中可曾不安？

任你的心灵瞬息万变，
面对你依然是一样贞坚，
那是你年轻的骄傲，
还有我这姑娘的信念。

爱人呵，如果和另一位姑娘，
你将觉得幸福美满，
就莫再追赶这飞逝的幽灵吧，
它轻飘而又简单……

啊，上帝保佑！已临近傍晚，
燕子贴近地面飞旋，
雷雨正在天空汇集，
黑夜正望着你的双眼。

1905年8月21日

□ 索尔薇格

——致谢尔盖·高罗捷茨基①

索尔薇格滑着雪跑来。

易卜生《培尔·金特》②

索尔薇格！你滑雪驰向我的身边，
向来临的春天绽露笑颜！

多日来，我栖身在石砌的小屋里面，
贫困、阴暗、炉中没有火焰。

但是，你快乐、碧绿的明眸也不看我一眼，
我挥动斧头狂劈猛砍！

我笑着，要摧毁百年老松，
我在迎接未婚妻——来临的春天！

---

①谢尔盖·米特罗法诺维奇·高罗捷茨基（1884—1967），诗人，勃洛克的朋友。1905年至1908年间，两人过从尤密。

②《培尔·金特》，挪威著名作家易卜生的一部诗剧。女主人公索尔薇格是一位温柔、善良的农村姑娘，其名字的含义为“阳光之路”。——译者注

愿我的新屋上空
出现蔚蓝的青天，
苍松何必再隐藏新翠一片！

这天空属于你！
这也是我的蓝天！
愿我自豪的名声四处流传！

我曾住在森林里，恍若沉浸于梦幻，
面对松树把祷文诵念，
我头顶上秀丽的风光正在扩展。

你来了，带来灿烂的阳光，
冬日的梦境随之消散，
春天在森林里嬉闹声喧！

你可听见响亮的斧声？可发现欢乐的目光
正将你凝眸细看？

你可听见我的歌声？我在摧毁，
同时把我春天的索尔薇格颂赞！

在我的斧头下面，树干高唱赞歌，
枝叶摇曳，摇出一片蔚蓝！

你的歌声比老松树的赞歌更加响亮！
索尔薇格！你就是歌，你属于绿色的春天！

1906年2月20日

□ 陌生的姑娘

每逢夜晚，在酒馆上空，
蒸腾着粗野而沉闷的热风，
在春季腐烂的气味里，
醉汉们在大声地猜拳行令。

在远处，小巷里灰飞尘飘，
郊外的别墅一片寂静，
当晚霞把面包铺的招牌镀上薄金，
便传来了孩子们饥饿的哭声。

每天晚上，在栏栅后面，
那些油腔滑调的老色鬼，
头上歪戴着圆顶帽，
挽着女人在路边渠旁漫行。

湖面上桨击水涌，
女人的尖叫撕破夜空，

一轮圆月对此早已见惯，
正不假思索地变作弯弓。

每天晚上，在我的酒杯里，
都映现出唯一的朋友的身影，
饮下这酸涩而神秘的汁液，
我变得陶醉而又顺从。

在临近的一排小桌旁边，
站立着睡眼惺忪的侍从，
喝醉的女人睁着兔子般的红眼，
在高喊："真理就在酒中！"

每天晚上，在约定的时间，
（或许，这只是我的梦境？）
那个姑娘穿绸裹缎的身影，
便在烟雾缭绕的窗口晃动。

她无人陪伴，单身孤影，
从酒汉中间穿过，姿态从容，
呼吸着一片乌烟瘴气，
然后在窗户旁边坐定。

她那绸缎衣服富有弹性，
帽子上插着志哀的羽翎，

纤细的手上戴满珠宝，
仿佛是古代神女显灵。

我感到一种奇妙的亲近，
目光投向黑纱后的面容，
我望见令人神往的海岸，
我望见远方那诱人的美景。

我接受了某人神秘的隐情，
我把某人心中的太阳捧在手中，
这又酸又涩的酒酿，
浸透了我痛苦的心灵。

那低垂的鸵鸟羽翎，
时刻在我的脑海中浮动，
那深若渊潭的碧眼，
像远方岸边盛开的花丛。

我的心中有一座宝库，
而钥匙只给你一人奉送！
你说得对呵，沉沉的醉魔！
我知道：真理就在酒中。

1906年4月24日于奥杰尔基①

---

①奥杰尔基：彼得堡近郊的别墅。

□ 护卫天使[①]

我爱你啊，昏暗中的护卫天使。
这昏暗永远陪伴我在大地凝滞。

因为你曾是我快乐的未婚妻，
因为你曾抢占了我心中的隐秘。

因为隐秘和夜晚使我们紧紧相依，
你对我是姐妹，未婚妻，也是爱女。

因为我们注定要长久生活下去，
呵，甚至因为我们是恩爱伴侣！

因为我身套锁链，你信誓旦旦，
因为可诅咒的家庭压在我们头顶上面。

因为我热爱的，你并不热爱，
因为我为贫困的穷人悲哀。

---

①这首诗是诗人写给妻子 JI. П. 门列捷娃－勃洛克的。

因为我们不能生活得和睦相亲。
因为我曾想过，但又不敢前去杀人①——

所以，要为怯懦者复仇，他们心中没有生活的烈火。
他们是这样凌辱我的人民，还有我！

他们把自由和坚强之士锁进监牢，
他们不相信我心中有烈火燃烧。

他们想用金钞使我失掉光阴，
从我这儿买到犬一般的温驯……

因为我软弱，时刻准备屈膝，
我的父辈世代都是奴隶，

柔情像毒药会使心灵死亡，
这只手呵，它举不起刀枪……

但是，我爱你，因为我的软弱，
因为痛苦的命运和你的力量。

什么东西如果被烈火锻烧，

---

①这句诗曾被沙皇书刊检查官指控为“歌颂政治谋杀”。刊登该诗的书刊被没收，出版者也遭到法庭通缉。

那任何人也不敢将它毁掉！

和你一起，我曾远眺那灿烂的霞光，
和你一起，我又向黑暗的深渊张望。

命运向我们发布了双重的号令：
我们是凶残的奴隶！我们也是自由的灵魂！

屈服吧！奋争吧！莫背弃！快离散！
前方是一片光明，还是一片黑暗？

谁在呐喊？谁在哭泣？我们去向何方？
我们两人，永不分离，永远为伴成双！

是将复活？是将毁灭？还是行将死亡？

1906年8月17日

□ 雪酒

你那浓密卷曲的长发披肩，
绽露出天真无邪的笑颜，
你的身影在酒杯中闪现，

又一次使我心中充满不安。

我在灯红酒绿中间醉倒，
没有爱情，唯有梦绕魂销，
我们曾在一起热烈地亲吻拥抱，
暴风雪在你的四周咆哮。

你的笑声是多么美好，
你的丽影在金色酒杯中萦绕，
蔚蓝的风儿在荡漾，
轻抚着柔软的貂毛。

觥筹交错，频斟佳酿，
怎么不见你新婚的桂冠闪光？
你印在我脸上的热吻，
难道已经全部遗忘？

1906年12月29日

□ 她的歌

我不愿在令人窒息的地狱里
慢慢地消亡。

请把灵魂托付给空中飞船
去巡天翱翔。
你要用温顺的心灵去理解，
我爱的深广。

将你明亮的目光向高空遥望，
是一片星光。
将你手中铁铸的宝剑
俯下身轻放。
莫再让心儿徒劳地战栗，
要平静安详。
让暴风雪在深渊上空咆哮，
向四处回荡。

我要用衣袖将我那暴风雪
深深地埋葬。
我要用银币使我那些欢乐
变一片迷茫。
我要乘上空中的旋转木马
去晕头转向。
我要将这一堆杂乱的麻线
去清理梳妆。
那飘着雪白啤酒花的美酒
我要痛饮酣畅。

1907年1月4日

□ 沙发角落吟

木炭在壁炉里
吱吱燃烧。

窗外艳丽的霞光
明灭烬了。

船儿在暴风雪的海上
呻吟浮飘。

鹤鸟在南海上空飞翔
痛苦鸣叫。

请相信我，世上再没有
更多的阳光。

请相信我，我是诗人，
是黑夜的心脏！

你想听什么样的故事，

我给你讲。

你想要什么样的假面，
我替你装。

火光中将晃过
杂乱的阴影，

墙壁上将映现
怪诞的幽灵。

所有人都会拜倒
在你的面前……

每朵花都会失掉
那一片鲜艳……

1907年1月9日

□ 他们阅读诗章

看呵：当你的双眼放射光芒，
我错乱了所有的诗行。

像雪鸟挥动起巨大的翅膀，
暴风雪把我的智慧埋葬。

虚伪的语言多么离奇！
你能看懂吗？还需求助上苍！
你深知：书中充满幻想，
而生活中又缺少诗章。

但对我来说，和你不可分离的
是那夜色，还有昏暗的河床，
是那正被冻僵的炊烟，
是那充满欢快韵律的火光。

你不必对我过于苛求，
也不必用虚伪将我欺诓。
更不必在幽暗的记忆里
触动另一片可怕的火光。

1907年1月10日

□ 你将隐没在茂密的荒草……

你将隐没在茂密的荒草。

走进寂静的房中，不把门儿敲……
张开双臂拥抱，发辫儿轻抛，
你亭亭玉立，说声：“公爵，你好。

看我这儿有一束洁白的玫瑰。
看我这儿昨天是青藤缠绕。
你曾去何方？带来什么消息？
谁在爱？谁不爱？谁要把我们赶跑？”

一如既往，你会忘却光阴在流逝，
一如既往，你会原谅凶残和骄傲。
你在凝睇：乌云在远方升起，
你在倾听：遥远的村落里歌声袅袅……

漂泊异乡的心儿将要痛哭，
它要参加战斗，呼喊着，并把手招……
你只是说：“别了，再回到我身边。”
风铃在草丛中轻轻地曳摇……

1907年7月12日

□ 工作、工作、工作……

工作、工作、工作：
你的背将佝成畸形，
由于长久而诚实的工作，
由于长久而诚实的耕耘。

节日里，别人将充满甜蜜，
还有人唱着你谱写的歌曲，
士兵能干的妻子伴着别人，
去跳环舞，双手插在腰里。

你深深地了解自己，
舞姿优美轻快！
你也能紧紧地束好
自己那绣金的腰带！

你身材高大而苗条，
比别人更加端庄、俊俏；
而那个年轻的妇女，
比其他勇敢的少女更高！

虽然她阴沉的脸色略显苍白，
但周身流动的血液充满力量，
她的双眉纤细又乌黑，
严肃的话语在酒后微露轻狂……

呵，甜蜜、甜蜜、甜蜜，
赶快工作，趁天色将曙，
你知道，士兵能干的妻子，
已到村外去狂欢跳舞！

1907年10月26日

□ 僧歌

谁也不会讲：我是疯狂。
我心地虔诚，仪容端庄。
只有夜间，方丈不会唤我
走近他肃穆的门旁。

我堪称忧伤的兄弟们的榜样，
黑色的长袍穿在身上，
清晨，迈着稳重的脚步，

把娇嫩绿草上的露水扫荡。

我走近所有的圣像，
如同肃穆、文静的弟兄一样，
躬身敬礼，抬头接着俯首，
举行仪式，结束连着开场。

谁会懂得，谁会知晓，
你对我讲：不要声响……
那欢悦心灵上的蜡液
正在那灿烂的烛光里流淌……

寺院墙外河水潺湲，
你身穿修女的服装；
不需要任何的祈祷呵，
当你沿河边踯躅徜徉。

你那泛着啤酒花的佳酿，
狂热地溢满我的心房，
我的美貌竟成为犯罪，
我已无法将礼拜计量。

1907年11月6日

□ 手风琴呵，手风琴……

手风琴呵，手风琴！
喂，唱吧，喊吧，快燃起火焰！
喂，嫩黄的毛茛呵，
快绽开出春天的笑颜！

琴声里带着响亮的哨音，
在那里游荡到朝霞满天，
灌木丛在窃窃私语，
在向我直把头点：你看。

我看见，你把双手举起，
加入了宽阔的舞环，
你向人们身上撒满鲜花，
唱着歌，微微有些娇喘……

你缺少忠诚，桀骜不驯，
你诡谲狡猾，舞姿翩翩！
愿你永远成为一剂毒药，
伤害我干渴的心田！

我将错乱神经，神经错乱，
发疯似的狂恋，
你简直是夜晚，是黑暗，
你纯粹是美酒，是佳馔……

你占据了我的心灵，
用毒剂使我痛苦不安，
我歌唱你，对你歌唱，
我的歌儿成千上万！……

1907年11月9日

□ 当您在我的旅途上出现……

当您在我的旅途上出现，
是那样动人，那样俏丽，
但您又是那样的痛苦，
言语总是那样悲凄，
甚至想着将要死去，
谁也不去爱恋，
竟鄙视起自己的美丽——
这是何故？难道我使你受了委屈？

呵，不！我不是暴徒，
既不会欺诳，也没有傲气，
虽然我见多识广，
从童年起就神游天地，
而且心中只有我自己。
须知，我是一位作家，
只懂得去寻章摘句，
从鲜嫩的花朵上把清香撷取。

不论您讲了多少痛苦的经历，
不论您想过多少开始和结局，
但我仍然敢说，您只有十五岁年纪。
因此，我愿您
去爱一个普通的人，
他热爱天空和大地，
这远远胜过一切歌颂天地的
有韵和无韵的丽词佳句。
是的，我将为您而欢喜，
因为，只有被爱的人，
才能得到人的称呼的权利。

1908年2月6日

□ 她从严寒中走来……

她从严寒中走来，
冻红了香腮，
她使整个房间
充满清香异彩，
她嗓音响亮，
不绝如缕，
把我的学习妨碍。

她把一册册文艺杂志，
很快往地板上摆，
立刻让我感觉，
我宽敞的屋子
变得又小又窄。

这一切使人微微不快，
同时惊诧又奇怪。
特别是，她还让我

给她朗读《麦克白》①。

刚刚读到“大地的气泡”，
我便不禁激情满怀；
我发现，她也非常激动，
正凝眸谛视着窗外。
原来，一只毛色斑斓的大猫，
正吃力地在屋檐爬动，
窥视着一对白鸽在热吻、相爱。
我对此深感懊恼，
热吻的不是我们，竟是白鸽，
早已过去了保罗和弗兰齐斯嘉②的时代。

1908年2月6日

□ 我记得那漫长的苦难……

我记得那漫长的苦难，
窗外的夜色已经暗淡；

---

①《麦克白》是莎士比亚根据苏格兰历史编写的一出悲剧。

②保罗和弗兰齐斯嘉为但丁《神曲》中的两个人物，因犯淫行罪而被打入地狱。

黑暗那弯向背后的双臂，
在晨曦中微微显现。

整个一生被徒然地耗费，
追求、屈辱、焚毁凋残；
窗外，像不断增高的幽灵，
白昼那圆形屋顶正向四面扩展；

行人急促的脚步声，
在窗下更加频繁；
那密密麻麻的雨点
把灰色的涟漪打乱；

清晨在伸延，伸延，伸延……
无聊的疑问已成为负担；
一切都还悬而未决，
任激情的泪水如细雨绵绵。

1908年3月4日

□ 当绝望和仇恨行将消亡……

当绝望和仇恨行将消亡，

梦神临降。天各一方，
我们俩都沉入梦乡。

也许，你此刻正把我梦想。
时钟迈着世纪的脚步，
梦境浮现在远方。

在梦中，我看见你窈窕的倩影，
在罪恶又热情的夜幕降临前就是这样，
就这样出现在我身旁。看呵：

你依然如故，宛若鲜花开放，
在云雾弥漫、怪石嶙峋的山上，
迎着永远灿烂的霞光。

1908年8月1日

□ 你的面容我是那样熟悉……

你的面容我是那样熟悉，
仿佛你曾和我生活在一起。
不论是做客，或在街上、家里，
我都看见你苗条的身躯。

你的脚步在我身后回响，
我不论走到哪儿，你总和我在一起。
每逢夜晚，那可是你，
脚步轻轻和我寸步不离？
那可是，如虚幻的梦境，
身如浮云，扑朔迷离，
我刚想往门里张望，
你便从旁边飘然而去？
我时常思忖，那可是你，
围着印花布的头巾，
默默地坐在谷场外，
坐在乡村的墓地？
我向前靠近，你纹丝不动，
我走到跟前，你又悄然离去，
唱着歌儿漂下小溪……
晚钟阵阵鸣响，
和着你的歌声……
我哭泣，怯怯地等待……
但当晚钟敲过，
你可爱的声音也随之沉寂……
瞬间之后，仍无信息，
头巾在河对岸游移……
但我痛梦地知道，在某地
我还会和你相遇。

1908 年 8 月 1 日

□ 当你纯朴的脸庞……

当你纯朴的脸庞，
在我面前的桌上闪光，
那高尚、功勋和光荣，
在这痛苦的大地上全部被我遗忘。

但当时刻来到，你却离乡背井，
我把珍藏的戒指抛入夜空。
我将自己的命运奉献别人，
你也忘却了你娇美的面容。

该诅咒的时光飞一般逝去……
酒酿和激情摧残着我的生命……
我在读经台前想起了你，
我呼唤你，如同呼唤我的青春……

我唤你，你不回首，
我流泪，你不怜惜。
你郁郁地披上蓝色斗篷，
向着潮湿的幽夜离去。

我不知道，可爱、温柔的你，
为何让傲慢把你的芳心占据……
我睡眠了，梦见你蓝色的斗篷，
你披着它向潮湿的暗夜隐去。

柔情与娇容不再进入幻想的王国，
昨日的黄花今已残凋！
你脸庞那纯朴的线条，
我用手从桌上轻轻抹掉。

1908 年 12 月 30 日

□ 十二年之后……

——献给 K. M. C①

一

湖面依然是那样恬静，
盐池②依然滴着精盐。
如今，当你年迈而安详，

---

①组诗《十二年之后》，多数是在 1909 年写于巴特瑙海姆，回忆诗人和 K. M. 萨多芙斯卡娅于 1897 年在此地的初恋生活。

②盐池：这里是指一种用树枝固定的木框，可以让风吹进框内，人为地使盐水搅动，其作用是让空气里充满盐分，达到医疗之目的。

又有什么使你重新躁动不安?

也许，是那年轻的初恋仙子，
仍和你的心灵朝夕相伴，
还是那昔日眷恋的丽影，
你要和她私订终身直至永远?

你呼唤，她会来到身边:
骄傲的侧影将依旧闪现在眼前，
那嗓音妩媚而且缠绵，
昔日的话语仍在低声絮谈。

1909年6月

二

在夜阑人静时分，
在幽暗公园里的赤杨树荫，

洁白的天鹅躲开木桨，
把头藏进了翅膀。

我全身心在回忆，我全身心在谛听，
你和我在一起呵，悲伤的幽灵，

我知道，我看见，你的踪迹，
已被经年的暴风雨荡涤。

在赤杨悲凉的阴影里，
幽灵在对我甜蜜的喘息，

还有一颗心灵在细语慢讲，
回声在繁茂的叶簇中游荡，

但风暴般狂热的激情一去不返，
一切如幻影，一切多荒诞，

一切都恍如过眼云烟，
融进了湖上的雾幔。

1909年6月

三

当纷繁的事务伴着岁月，
痛楚忧伤地立在我面前，
我仿佛坠入悲哀、幽深的梦境，
昏睡在树荫覆盖的林间。

我不知那少女林①，
正回忆着昔日的良辰；
我被树荫下的嬉戏吵醒，
和着鸟鸣，我听得逼真：

---

①少女林：巴特瑙姆城的一座公园。

“注意那热情，要相信，相信，
呼唤那热情，要放开嗓音，
用夜半的钟声去叩响，
那紧闭的极乐之门！”

1909年6月

四

上帝创造了你，碧眼姑娘，
初恋的仙子就在我的心上。

他静静地站着，任雨水涤荡，
像剧毒的黄蜂在嗡嗡歌唱，

他将昔日的残痕驱散，
连同他轻佻的名字也化为轻烟，

我又看见那纤细的双手，
我又听见那嘹亮的歌喉，

我仿佛又真切地沉入
在那碧眼的幽谷。

1897—1909年于巴特瑙海姆

五

时常有这样静谧的时刻：
寒冷的目光落在玻璃窗上；

理想情不自禁地偎依在身边，
思恋着温暖的住房……

突然，潮湿的花园中升起雾霭，
小溪上架起铁铸的桥梁，
整个篱笆开满了玫瑰，
全都沉浸在蓝色的目光……

小溪在窃窃私语，
令人感到头昏脑涨……
乌克兰姑娘，你吻得多热烈，
你的话语多么响亮……

1909 年 6 月

六

我们相会在静谧的夜晚，
（心儿铭记着这些梦幻）。
春天的第一片新绿，
刚刚给树木戴上桂冠。

这条狭窄的林荫小径，
被明亮鲜红的晚霞尽染，
它沿着湖畔伸延，
永远通向林荫和梦幻。

这条小路对于我们

可是那青春，可是那热恋？
我那些激动不安的诗句，
可是它亲手创建？

心儿做了理想的俘虏，
漫长的期限铭志心怀，
姗姗的夜晚降临湖面，
您的头巾有馨香暗暗飘来。

1910年3月23日于爱拉金岛①

七

明亮的目光变得暗淡，
提琴弓已挨上琴弦，
指挥的意志豪放雄壮，
竖琴的乐曲像风儿飞旋……

你的形象热情奔放，又朦胧如烟，
穿过幽暗的包厢游荡到我的身边。
男高音在舞台上高唱赞歌，
献给狂热的提琴和春天……

突然，近处传来一声唉叹，
将我周身血液冻成坚冰一片，
是谁贫穷而又忧伤，

①爱拉金岛：彼得堡的一座公园。

把手靠拢向我的胸前……

猜测间，我隐约看见
那不可战胜的幽灵显现面前，
宛如一团稀薄的雾气……
竖琴高唱：我们展翅飞远。

1910 年 3 月

八

记忆努力为我珍藏的一切，
正在疯狂的岁月中消散，
但这个故事像燃烧的曲线，
依然在浩瀚的夜空中蜿蜒。

生活早已被焚烧和陈述，
但初恋的情景却化作幕幕春梦，
就像无价的小匣被交叉捆好，
那绑带宛若鲜血一般殷红。

寂静笼罩着我的房屋，
我寂寥惆怅，面对孤灯，
逝去的恋人像蓝色的幽灵①，
在幻想的香炉上显出身影。

1910 年 3 月 23 日

---

①逝去的恋人：因勃洛克听到萨多芙斯卡娅死亡的假消息。

□ 莫斯科之晨

清晨起床，令人陶醉，
远眺沙滩，足迹细碎。
想起你呵，令人陶醉，
我的美人，你我同相会。

我爱你呵，我的姑娘，
我的青春，无牵无累，
克里姆林①，晶莹妩媚，
在这早晨，和你一样美。

1909 年 7 月

□ 黑鸦在落雪的黄昏飞翔……

黑鸦在落雪的黄昏飞翔，

①指克里姆里宫。

黑天鹅绒披上黝暗的肩膀。
柔和的歌声情意绵绵，
为我把南方的夜晚歌唱。

欢愉的内心充满激情，无忧无虑，
仿佛向我传递信号，来自茫茫海上。
在永恒、无底的深渊上空，
恍如一匹骏马喘息着疾驰如狂。

夹雪的寒风，你呼啸喧响，
我双唇鲜红，如酒浸过一样……
瓦连吉娜①，你就是星光、是幻想！
你的夜莺正是这样歌唱……

可怕的世界呵！竟容不下心儿存放！
在这里，你的热吻荒诞狂妄，
茨冈的歌声含混而迷茫，
就像彗星在天空急速地飞翔！

1910年2月

---

①安德烈耶芙娜·谢高列娃·瓦连吉娜（1878—1931），歌剧女演员。

□ 在酒馆里

我永远不会忘记（那天傍晚
他在场或许不在）：晚霞犹如火焰，
把苍白的天空燃烧、舒展，
而在金黄的霞光里，亮着灯盏。

我坐在拥挤的大厅窗前。
不知何处奏响了爱情的琴弦。
我献给你一朵黑玫瑰插在酒杯中间，
香槟酒宛如天空金黄一片。

你望我一眼。我腼腆又勇敢
迎接你傲慢的目光，然后身俯腰弯。
你转向男伴，匆匆开言，
故意使嗓音刺耳："此人被我爱恋。"

琴弦立即鸣响作回答，
琴弓颤动着，激烈而狂乱……
但你曾和我在一起，是何等傲慢，
现在，我感到你的手在微微抖颤……

好像受惊的鸟雀猛然脱身，
你走过，轻盈得如我的梦幻……
心儿叹息，双眉欲眠，
满身的绸缎在不安地细语喃喃。

但你从镜子深处向我投来目光，
“抓住他！……”你边看、边喊。
这时，项圈叮当，茨冈女人起舞翩跹，
向着霞光把爱情呼唤。

1910年4月19日

□ 一个声音缓缓靠近……

一个声音缓缓靠近。听这郁闷的声音，
心儿焕发青春。
梦幻中，我将你纤纤素手贴近嘴唇，
呼吸几乎屏停。

梦幻中，我又变成热恋中的少年，
山谷幽幽，芳草毵毵。

草丛中盛开着带刺的野蔷薇，
傍晚的浓雾弥漫。

透过花朵、叶簇、带刺的枝条，我知道，
老屋正谛视我的心房，
天际泛出一片胭红，苍穹又在遥望，
还有你敞开的小窗。

啊，这是你的声音，玄妙而又迷人，
为了它我终生痛楚、销魂，
虽然是在梦中，我依然将你的纤纤素手
紧贴在我的双唇。

1912年5月2日

□ 阿利斯冈之歌①

快乐的日子，怡然的时刻，
明媚的春光。
珍贵的宝石戒指轻轻敲响

---

①该诗选自勃洛克的剧本《玫瑰花和十字架》。阿利斯冈是一位漂亮而虚伪的少年侍从，这是他为年轻的伯爵夫人伊卓拉唱的歌。

篱笆编的小窗。

在芳草萋萋的山谷上，
弥漫着玫瑰花香……
爱恋的夜莺为你
把幸福献上……

呵，爱莉思，玫瑰，快聆听，
聆听那夜莺……
我要献出所有的“圣地”①，
为了你的爱情……

1912年12月

□ 我们被遗忘，被遗弃在大地上……

我们被遗忘，被遗弃在大地上。
我们要静静地孤栖在温暖的地方。

在这房屋中温暖的角落里面，

---

①“圣地”：指巴勒斯坦。中世纪骑士曾对那里进行过“十字军远征”。

我们要遥望那十月的昏暗。

像昔日一样，窗外灯光闪闪。
我的朋友，我你都已两鬓斑斑。

过去的风暴和苦难已全抛身后，
你为何还要期期地展望前头。

你遥望，仿佛是想要看到
那儿有什么新的信息报道？

你仿佛是在盼望暴风雨的天使？
但一切已无法挽回。一切皆已消逝。

只剩下墙壁、书籍和白天。
我亲爱的朋友，这一切都司空见惯。

我什么也不希冀，什么也不哀怨，
对逝去的一切丝毫也不伤感。

只是你又重新打算，
把那些闪光的玻璃珠连成一串，

你可记得，就像是过去什么时间……
呵，那时是多美好的华年！

是的，那时你风华正茂，
一身丝绸衣裙莹莹闪耀，

你的双手动作灵敏……
缝缀衣裳，五彩缤纷，

为了让穿入针眼的丝线，
能以它的光泽征服黑暗。

1913年10月19日

□ 灰蒙蒙的早晨

雾漫的早晨，灰白的早晨……

屠格涅夫

拂晓，上帝保佑！来到家家屋旁！
晨钟儿敲得铿锵作响。
你把冰凉的银戒指
紧贴在我的双唇之上，
于是，我一连数次
吻着戒指，而不是手掌……
肩膀向后耸去，
自由和离别在激荡，

这离别隐没于雾霭之中，
细雨绵绵，令人惆怅……
那目光像灰烬中的炭火，
清晨的声音单调又平常……
不，拂晓前的生活和幸福，
我曾找到，并非在这目光！
昨天，也不是这声音
和着吉他在舞台上歌唱！……
你双脚靠拢，恭敬地鞠躬，
道声“再会……”，如同孩子一样……
而我把金属的手镯碰响
（是如此这般的回想）……
我把她手指握得发痛，
又默默地将她凝望……
我们不会再相见……
难道能对她把永别的话讲？
“再见了，再把一枚戒指戴上，
你要给自己纤细的娇手
和自己幽暗的心房
披上这银白色的盛装……
昔日夜晚燃起的熊熊火光，
像过去一样飞逝吧，渐渐消亡……
时间呵，请熄灭这记忆之火，
而路上雪花正飞扬。”

1913年11月29日

□ 我看见已经忘却的姿容……

我看见已经忘却的姿容，
在瞬息间我便能够分清；
一个熟悉的声音伴着悠扬的提琴，
那是低沉、悲哀的歌声。

女友曾唱着这动听的歌声，
回答我初恋的激情。
我至今还能辨出这声音，
在那些日子，当咆哮着暴雪狂风。

往事已去，春梦无痕，
唯留他人如火的热情，
有时，我不禁回想起，
回想起那良辰美景。

1913年12月12日

□ 我是哈姆雷特①……

我是哈姆雷特。血液凝固了，
当诡谲在编织着罗网，
而心中那初恋的激情，
向着世上唯一的姑娘。

我的奥菲丽娅②，冷酷的生活
把你引向远方，
王子我身遭毒剑，
将要死在故乡。

1914年2月6日

□ 她像白昼一样灿烂……

她像白昼一样灿烂，但又那样神秘，

---

①哈姆雷特：莎士比亚著名剧作《哈姆雷特》中的主人公。
②奥菲丽娅：勃洛克的妻子。

虽然栩栩如生，却又虚如梦幻，
她依依地来了，芳口中话语音清脆，
明媚的春天总是与她相伴。

她在这儿坐下，信口闲谈。
她喜欢将我戏玩，
还不停暗示，人们都知道，
她内心的隐情如狂风烈焰。

但我没有仔细去聆听
她那感情炽烈的语言，
我注视着，激情正在蔓延，
眸子在闪光，肩膀在抖颤。

当肺腑之言融入心田，
她的心情如醉如癫，
我将爱上这明眸、双肩，
就像爱上春风和诗篇。

冰凉的手镯寒光闪闪，
话语也已中断，
她确信，激情的力量
在冷静的理智面前微不足道！……

1914年2月20日

□ 卡门[1]

——给柳·亚·捷丽玛丝

一

就像色彩变幻的海洋，
正当乌云密集，暗无天光，
骤然迸射出烁烁光亮，
这是卡门即将出场，
那震耳欲聋的歌声，
使心儿失律，极度紧张，
热血涌上了脸颊，
幸福的泪水窒息了胸膛。

1914 年 3 月 4 日

①这组诗描写了诗人和女歌剧演员柳波芙·亚历山大罗芙娜·安德烈耶娃-捷丽玛丝（1879—1969）相遇和结识的情景。她曾出色地扮演了法国作曲家比才（1838—1875）根据梅里美的同名小说改编的歌剧《卡门》的女主人公卡门。卡门是一位吉卜赛女郎，她酷爱自由，爱情中也桀骜不驯，表现了个性解放的强烈要求。

二

夜空碧绿如染，如洗残月一弯，
在蔚蓝天海中睡去，风儿轻轻拂面，
春已悄悄来临，尚存最后的残冰，
我不安的心灵，正驰入狂飙似的梦幻……

有什么比皓月更温柔，比晚霞更高远？
心里要清楚，只是别对朋友们开言：
在最后一层楼上，在高高的屋顶之下，
有扇窗口并非由于一朵晚霞才点燃……

1914年3月24日

三

有个清晨的精灵。他遍体透亮又身裹纱雾，
他披散着金色鬈发，感到无比幸福。
他像天空，身披碧蓝的长衫，
浑身上下闪烁着美玉宝珠。

但是，正如夜晚的黑暗中会透射蔚蓝，
这个形象有时也会露出恐怖，
他鬈发如金，面色绯红，
而声音仿佛是被忘却的风暴的震怒。

1914年3月24日

四

初春的风雪呼啸。

我的目光移开了书稿……
呵，那是多么可怕的时刻，
她在苏尼卡①的怀抱中读书，
目光却抛向何塞②的眼角！
眼睛里泄露出嘲笑，
一口皓齿像颗颗珠宝，
于是，我忘掉了所有的日日夜夜，
心中的热血似阵阵涌潮，
把对祖国的思念冲掉……
而歌声在唱：你要用生命的价值③
将我的爱情偿报！

1914年3月18日

五

卡门的倾慕者接连不断，
身穿五光十色的服装在追赶，
他们不住地将她呼唤，
其中一个人像黑色的幽灵，
站在里拉斯·帕斯蒂亚④酒店的灰色墙边，
他默默无言，忧郁地旁观，
他不期待，也不求同情悯怜，

---

①苏尼卡：《卡门》剧中人物，龙骑兵中尉、警卫长。
②何塞：剧中人物，龙骑兵下士。——以上译者注
③加重点的句子系引自《卡门》剧中歌词。下同。
④歌剧中人物，酒店老板。——译者注

当铃鼓锵锵鸣响，
手镯轻轻摇颤，
他回忆起春天的时光，
在这呼啸的谐音之间，
他注视着卡门歌唱时的身姿，
并融入了创造的梦幻。

1914年3月26日

六

淡淡的眼睛射出愠怒的目光①，
傲慢在召唤，轻蔑在荡漾，
所有的线条在消融，在轻唱，
这就是我初次见到您的景象。
池座内夜般漆黑，呼吸也不通畅。
黑色的涎巾就在近旁、近旁……
苍白的面容……和一绺头发，
低低地垂在肩上……
呵，我并不是第一次体验到
这种奇妙相会所引起的隐隐惊恐！
但敏感得几乎令人可怕的
是这痉挛的手臂和颤抖的肩膀……
骄傲的头在摇动，
直率地表示着懊丧……

---

①这首诗是诗人回忆和ц. A. 捷丽玛丝初次相遇的情景。捷丽玛丝那次没有参加演出，但恰好正在剧场中。

(雄狮就是这样在栏栅后面
望着人们，模样无比忧伤。)
舞台上，在圆形的灯下，
赛吉迪利亚舞曲①已经终场，
怨恨、嫉妒使热恋的艾斯卡密尤②
不再走近您的身旁，
并非是您挥动丝带，
去扑灭那不必要的灯光，
为使那一口洁白的玉齿，
莫再向那不幸的人闪亮……
呵，莫张望，莫声响，忍耐不住了，
快说，不必要，不应当……
而您（是夜空的星光），
迈着轻盈的脚步滑行，
步态懒洋洋，
而您耸动双肩的柔声歌唱，
我已熟悉得了如指掌，
心儿注定要珍藏，
那对另一个祖国的怀念，
还有您那永远珍贵的形象……
而舞台上：我们将离开，离开生活
离开这生活的忧伤！
呼喊的人呵，已经死亡……

---

①系西班牙民间的一种快步舞蹈。——译者注
②《卡门》剧中人物，斗牛士。——译者注

而三月带来潮湿的雪花飞扬。

1914年3月25日

七

这柳枝，象征着春暖冰消①，
我们吝惜这阳光照耀，
因为，烛光微弱，
我在热情地祈祷，
我吻你，并紧紧地拥抱。

这硕大的麦穗，象征着大地，
仙鹤发出嘹亮的鸣叫，
这意味着，我在篱笆旁盼等，
落日前的炎热未消。
这意味着，你把我在心头记牢。

这玫瑰，我惧怕它的鲜丽媚娇，
这可是你发辫上火红的良宵？
这可是在暗中背弃的音乐？
这可是被卡门俘获的心桃？

1914年3月30日

---

①这首诗描写的是诗人怀念和捷丽玛丝相会而保留的纪念品（柳枝、麦穗、玫瑰）。

八

在我阴暗而奇异的命运中，
你就像被遗忘的赞歌的回声。
呵，卡门，我忧伤又吃惊，
你竟然闯入了我的梦境。

春日萌动，流水淙淙，万物鸣响，
而沉睡的梦境多么荒唐，
你的美貌变得如此粗犷，
就像吉他和春天的铃鼓一样！

你在沉思和幻想中走过，
宛若怡然自得的女皇，
头上缀满玫瑰花朵，
身心沉浸在童话般的梦乡。

你睡眠，像奇妙的蛇在盘旋，
你在麻醉中安睡，在梦中眺望，
那海洋的远方，幸福的彼岸，
还有我无法实现的理想。

你望见骄阳不落、炎热无比的一天，
还有你可爱的家园，
是蔚蓝、蔚蓝，是歌喧、歌喧，

永恒的极乐，如天堂一般。

在那天堂里寂静得如同死亡，
只有在枝繁叶茂的树冠之上，
你那低沉而奇异的美妙歌声，
为吉卜赛那风暴般的热情增光。

1914年3月28日

九

呵，是的，爱情自由得如鸟儿飞翔，
是的，我属于你，不管怎样！
是的，不管怎样，你那奔放的身影
将驰入我的梦乡！

是的，你秀美的双手充满凶猛的力量，
眼中含着背弃的忧伤，
卡门，我那徒劳的激情，漫漫的长夜，
都化作荒诞的狂想！

我将把你歌唱，并把你的歌声
转赠浩浩上苍！
为了你如火的热情，我像僧侣一样，
举行圣礼，对着星光！

你将汇入我诗歌的洪流，
宛如汹涌的波浪，

卡门，我不会洗掉你的灵魂，
从我的掌上……

在夜晚寂静的时刻，你像火焰，
瞬息间照亮，
你那容貌久久不能离去，
一口皓齿熠熠闪光。

是的，我为甜蜜的希望终日烦恼，
你身在异国他乡，
也许，你会在将来的某个时刻，
暗暗地把我怀想……

经历了生活的风暴，惊慌，
经历了所有背弃、忧伤，
卡门，愿我这些思绪像道路一样，
变和严肃、朴实、纯洁，
通向遥远的地方！

1914年3月28日

十

不，你永远不会属于我，也不会属于别人。
一切就这样流过忧伤岁月的深渊，
流过空虚日子的深渊，你不会摆脱这负担。
因此，我崇拜你，为你谱写诗篇！

这里有女人被遗弃的可怕印痕，
由于你姿容出众，我无力将它辨认。
那里是世界疯狂的融合，其部分灵魂
在痛哭，这耗尽了天体的和音。

那晚在黑暗的大厅里，我胆怯，我兴奋！
可怜的人，我为你因此而不能安枕！
你的目光这样奇异地为我送行，
没有猜测，没有理解……也没有爱情！

你一切都我行我素：展翅高飞，越我身旁，
要飞向另一个星座，并不把轨道遵循，
对你来说，这世界只是烟雾上的红云，
有什么东西在发光、歌唱、激动、烧焚！

落日残照是你狂热的青春……
所有的音乐和光亮：没有幸福，没有变心……
悲伤和欢乐奏响同一个曲调……
但是，我爱你：我就是这样，卡门。

1914年3月31日

□ 你比所有的人都开朗、忠诚、优雅……

你比所有的人都开朗、忠诚、优雅，
不要咒骂我，不要咒骂！
我的列车如茨冈人的歌声在飞驰，
又像那一去不返的年华……

昔日的爱情，一切已消亡，消亡，
前方的道路缥缈迷茫……
极乐的时刻，永生难忘，
一切已永不复返……请你原谅！

1914年8月31日

□ 岁月如流水般蹉跎……

岁月如流水般蹉跎，
我盲目而又笨拙，

时至今日我才知是场迷梦，
她从来也没有爱过我……

我们只是偶然相逢，
只是邂逅在路过，
那幼稚的激情已经灰冷
“请原谅！”她对我说。

我的心灵洋溢着同样的爱情，
和别人在一起便怏怏不乐，
同一个思念；同一首曲调
今日在梦中对我吟歌……

1915 年 9 月 30 日

□ 在高山后面，在森林后面……

在高山后面，在森林后面，
在尘封的道路后面，
在凄凉的坟冢后面，
在另一个天穹下你绽苞吐艳……

虽然，山顶上白雪覆盖，

山谷却会穿上春天的绿衫，
我怀着渺远而痛苦的思念，
往昔的一切仿佛就在昨天……

在悲伤的梦境中我认出你，
我把双手伸向你的面前，
紧紧握住你那纤纤素手，
并把遥远的名字反复呼唤。

1915年9月30日

□ 愿我的生活没有爱情……

愿我的生活没有爱情，
愿我违背自己的誓言，
不论在哪里和你相见，
你永远激动我的心灵！

呵，那远方的娇手！
你充满迷人的诱惑，
闯入这昏暗的生活，
甚至在离别的时候！

在我孤独的房舍里，
空荡伴着寒冷，
在那永远萦绕的梦境
我梦见房舍被抛弃。

还梦见逝去的时光，
逝去的岁月也进入梦魂……
看来，所有思想的大门，
全被你这样永远关上！

不论谁呼唤，我都不愿
用这毫无希望的前景，
来换取万般的柔情，
我愿离群索居，缄默无言。

1915年10月8日

□ 你最初把一切都变成了玩笑……

你最初把一切都变成了玩笑，
可等你醒悟，又开始懊恼，
你把美丽的头不住地摇，
又用手帕把眼泪擦掉。

你猛然又把一切忘掉，
张着嘴纵情地哈哈大笑。
突然间想起一切，又痛苦流涕，
把十枚发簪往桌上掷抛。

你走去又转身，姿容变丑了，
你返回来，期待着什么来到，
你大声责骂，然后背转身去，
也许，永远地离去了……

好啦，动手做事的时间已到，
可该做的事是如此古老。
你的衣裙不住地簌簌发响，
难道生活就像这样一片喧闹？

1916年2月29日

□ 你命中注定不属于我……

你命中注定不属于我。
我为何还要和您幽会在梦乡？
整个夜晚梦境常常是一样：

追求者梦见的是心爱的姑娘，
受伤者梦见的是可憎的仇敌，
流亡者梦见的是眷恋的故乡，
船长梦见的是浩瀚的海洋，
少女梦见的是绯红的雾嶂……
但我的梦却难以言传，永不重复，
完全是另一番、另一番模样，
假如梦幻反复出现，
血液将不再流回心房……
我自己也不知道，为了什么
我不把自己的梦境匿藏，
还包括你不需要的话语、诗章，
我也一样，将把这一切遗忘。

1920 年 10 月 23 日

□ 死

我愈是经常地沿着城市彷徨，
便愈是经常地碰上死亡。
我谨慎地微笑。那又能怎样?
我情愿如此。我本能地知道，
死亡在某个时刻也会来到我的身旁。

我沿公路走过，旁边正在赛马。
金色的日子微睡在一堆碎石上，
寂静栏栅后的赛马场
阳光下泛着绿光。那儿有长茎野草
蒲公英在春风里吹得四处飞扬，
野草打着盹儿，沐着柔和的阳光。
远方，在看台平直的房檐下，
挤满了悠闲的观众和摩登女郎。
五颜六色的小旗在远近飘扬，
行人坐在篱笆上观望。

我走着，听见急速追赶的赛马
沿着薄薄的沙地驰来。还有马蹄声响。
接着，传来一声突然的叫喊：
“跌下来了！跌下来了！”人们在篱笆上喧嚷，
我纵身跃到一株小树墩上，
一切顿时尽收眼底：一队骑手身着彩装，
正向着细细的标杆飞驰在远方。
紧跟在后面的是一匹狂奔的赛马，
鞍上没有骑手，脚蹬上下摆荡。
而在茂密的白桦树荫后面，
在离我不远的地方，有位骑手平躺，
他躺在绿色春草怀抱中，身穿黄色衣裳，
他仰面跌落，脸庞向着蓝天，

天空深邃、柔和，一片明朗。
他双臂舒展，仿佛躺了一个世纪，
一条腿弯曲，姿势是那样安详。
人们向他跑来。从远方，
一辆敞篷马车，辐条闪闪发亮，
徐徐驶来。人们跑到近旁，
把骑手轻轻抬上……

有一条腿
穿着紧箍的黄色马裤
绵软无力地悬空摇晃。
骑手的头低垂在人们的肩膀……
敞篷车驶到近前。人们将骑手
小心翼翼地轻轻放上坐垫，
像手捧一只嫩黄的鸡雏一样。
有个人撑着骑手的头和脚，
笨拙地跳上踏板，呆得发僵，
傲慢的马车夫把车转向后方。
于是，辐条缓慢地转动，
车座、车轴、两侧都熠熠闪亮……

这是多么美好、随心的死亡。
他一生都在驰骋，怀着一个顽强的希望：
要第一个到达。这样，在疾驰中
气喘吁吁的赛马绊上了木桩，

腿的力量已支撑不住马鞍，
残破的马镫骤然飞扬，
骑手被冲力抛出，飞离马背……
后脑勺碰在了故乡的大地上，
这大地和蔼可亲，洒满春光。
在这一瞬间，从脑海中闪过
一切独特、必要的思想。
但随即飞逝、消隐。双目笼罩迷惘。
尸体仰视天空，满怀希望。
这样有多么美好，多么舒畅。

还有一次，我漫步在河岸。
工人们推着独轮手车，从帆船上
运出木材、青砖和煤炭。
河水漂着白沫，泛一片湛蓝。
从衬衫解开的领口
工人们晒黑的胸膛清晰可见，
黝黑的脸庞上庄严地闪现着
自由俄罗斯那明亮的慧眼。
孩子们在这儿用赤脚
揉和着黄色的沙滩，
他们一会儿运小砖，一会儿运劈材，
一会儿运圆木，一会儿又藏身沙土中间。
他们那肮脏的脚后跟露在外面，
而母亲们，乳房低垂胸前，

身穿破衣烂衫，等待孩子归还。
她们打孩子耳光，骂个没完，
夺走劈材、青砖和圆木，
然后拖向远方，重荷下背曲腰弯。
但孩子们又欢笑着成群回转，
他们又开始偷窃东西：
这个偷圆木，那个窃青砖……
突然，传来河水的溅击声和人们的呼喊：
“跌下来了！跌下来了！”喊声来自帆船。
一位工人放下手车的扶把，
用手向河水中什么地方指点，
身穿杂色衬衫的人群拥向河边，
在草地上，在鹅卵石之间，
一只伏特加酒瓶抛在河岸。
另一个人在拉着钓竿。

在河岸边
在打入水中的木桩中间，
有一个躯体在随波轻摆，
他穿着衬衫，裤子已经撕烂。
一个人抓住他，另一个人做帮手，
一具拉长的尸体被拖出水面，
水从身上流下，宛如一道小泉，
人们把尸体摆在河岸。
一位警士，军刀在石头上碰响，

不知何故把脸贴近浸湿的胸前，
也许，是在倾听心脏的震颤。
人们汇聚在四边，
每一个重新来到的人
都产生了同样愚蠢的疑念：
此人落水，泡了多长时间，
又将多少水喝进肚子里面？
然后，大家又悄悄离散，
而我独自走去，并且听见，
一位循规蹈矩的工人醉后开言，
他很有权威地告诉别人，
正是烈酒每天将人们摧残。

我还要去漫步，趁阳光灿烂，
趁热情饱满，趁头脑呆板，
趁思想枯萬……

心呵！
你要做我的向导。微笑着
把死亡观看。你自己将疲劳不堪，
早已经受不住我这快乐的生活。
而我肩负的爱和恨，
人们也不能承担。

我愿，

我愿永远注视着人们的双眼，
痛饮美酒，畅吻女人，
当炎热妨碍白天幻想、歌唱，
就让疯狂的欲望充满夜晚！
还要聆听世上狂风的嚣喧！

□ 在北海

摩登少女和纨绔子弟在此游逛，
他们把海岸当成了什么地方？
摆上方桌，吞云吐雾，大嚼大咽，
喝着柠檬汁。然后漫步在海滨浴场，
他们阴冷地哈哈大笑，满口秽言，
把充满咸味的空气毒化，染脏。
然后，车夫让他们乘上遮篷马车，
车顶盖着帆布，雅致又漂亮，
驶到浅水区。他们在那儿更衣，
把滑稽可笑的女衣和制服脱去，
换上了轻便的游泳服装，
裸露出松弛的肌肉和胸膛，
他们尖叫着钻入海水
用笨拙的双脚在海底摸索。
叫喊着，竭力表示他们欢乐无上。

而在远方，晚霞把天空映照成
一个深深的酒杯，五色十光。
一朵云霞把手伸向另一朵，
两半天空像姐妹在拉线织纺，
忽而化为玫瑰红，忽而变成蔚蓝的雾嶂。
沉浸于大海之中的乌云，
在临终前那愤怒的眼中，
冒出时红时蓝的火光。

灰蒙蒙的防波堤已有些腐烂，
漫长的堤坝伸延到海上；
堤上刻满了题词："永远和你在一起"，
"柯梁和卡嘉曾经在此游逛"，
"狄奥多尔、叶罗莫纳赫和见习修道士
伊希多尔曾到此。上帝的事业美好欢畅。"
我们读着题词，来到海洋
乘坐的宽腹摩托艇怪模怪样。

游艇喷着汽油味。两只翅膀
紧跟我们在水中飞翔。波纹急速荡漾。
我们越过游人麇集的浴场，
越过渔船、窄狭的海角，和闪亮的灯塔，
驶向宽阔、柔和的咸海，
身后泛起色彩缤纷的粼粼波光。

在身后遥远的地平线上，
落日的余晖静静地燃着火光。
自由渔岛在水中横躺，
宛如海兽光滑的脊梁。
极目向前眺望，在遥远的地方，
是船家灯火，海关船舰的探照灯，
发出一束束游弋不定的光亮。
我们驶向蔚蓝色的雾嶂，
标杆成斜角矗立在海上，
像一把把扫帚把航道隔开，
在远方，从标杆到标杆，
打鱼的纵帆船白帆高扬……

海上，平风静浪。在每面风帆下
都停泊着一艘快艇，像一位美丽的姑娘。
在细细的桅杆上挂着小灯一盏，
宛若珍贵发簪上面的宝石
在天空暗淡的额前熠熠闪光。

陡峭的船头笼罩着一片寂静，
渔网交织一起奇形怪状，
人们坐着，双手交叉胸前，
浅色的巴拿马帽低压着严肃的脸庞。
在船中央的桅杆旁，默默地
站着一名水手，郁郁不乐，正举目遥望。

我们绕过快艇，我们中一个人
文质彬彬、和颜悦色地把话讲，
他悄声问水手："您可想乘拖船?"
水手回答我们，带着天真的傲慢，
声音严厉而冷酷："谢谢，不想。"

我们又一次绕过快艇。心儿
在默默祈祷，眼睛向远方遥望，
那所有风帆下美人的倩影，
正静静地驶向远方……
那发簪上珍贵的宝石
正在苍茫暮色的前额上闪光。

1907年6—7月

于谢特罗列茨疗养区①

□ 我曾向你们讲过天上的事情……

我曾向你们讲过天上的事情，
我锻造一切在昏暗的高空。
大船中锻打利斧，理想中造就英雄，

①谢特罗列茨疗养区，在彼得堡城下的芬兰湾海岸上。

就这样，我向大地靠拢。

我这令人痛苦的理想充满鲜血，
大船上的座凳因此变得通红，
但是，我仍在每家每户
寻觅着英俊的面容。

而我看见：你们的姑娘们眼神迷惘，
青年们的目光熄灭了火星。
退却吧！退向黑暗！退向阒寂的坟冢！
你们需要的是长鞭，并不把利斧使用！

我很快就要和你们告别，
你们还会看见我的身影，
在那烟雾笼罩的山后，
我正在如火的云彩中飞腾！

1905年4月16日

□ 轻快的微风腾起飞走……

轻快的微风腾起飞走，
沿春天的道路吹向小楼，

响起了金色的歌喉。

她曾站在台阶旁边，
寻觅那大门的叩环，
却不敢仰起芳脸。

她走向淡蓝色的远方，
解冻的春天烟雾茫茫，
森林上空回荡着忧伤。

在那里，远方的桦树婆娑，
老翁将桦木弯成辕轭，
发现她从草地上走过。

老翁喊起来，跳上树墩：
“你大约是来找我，美人！
在寂寞中思念，无比忧闷！”

她把粗糙的手指紧握手里，
和绿色的胡须交织一起，
向上升腾，挟着林中雾气。

他们就这样具有了相同的心愿，
他们就这样飞行在夜晚，
春天就这样和魔术师结缘。

1905年4月24日

□ 姑娘在教堂的唱诗班歌唱……

姑娘在教堂的唱诗班歌唱，
歌唱疲惫者跋涉在异乡，
歌唱船只驶向海洋，
歌唱人们把欢乐遗忘。

她的歌声飞向圆形屋顶，
阳光辉映在乳白色的肩膀，
每个人都在暗中观望、聆听，
这白衣姑娘在阳光下歌唱。

人们觉得，欢乐会即刻临降，
所有船只停泊在宁静的河港，
疲惫者给自己争得光明的生活，
在那辛劳跋涉的异乡。

歌声甜蜜，阳光清淡，
只是在祭坛后高高的门边，
一个满怀秘密的孩子在哭泣，
因为，没有人来到后院。

1905 年 8 月

□ 在傍晚时分……

在傍晚时分，
我从山上下来走进黄昏，
在我面前，在暮霭之中，
出现姐妹那悲伤的身影。

她行路脚步轻轻，
暮霭随着她浮动，
沿着山谷和沟壑，
无数胸膛叹息声声。

“姐妹，你同这悲伤的人群
从何处走进这雨湿和寒冷，
饥饿挥动着长鞭，
将谁驱入这动荡生活的墓中？”

她走到近前，站立不动，
在暮霭中将火炬高擎，
大地上看不见一切，
被无声的光亮照得通明。

在那路旁的壕沟里面，
我战栗着，我也看见
那难以忍受的痛苦的面孔，
那虚弱不堪的躯体痉挛。

她重新放下心灵的火炬，
走过来，向我绽露笑容，
她仿佛是四周暮霭，
是那样朦胧而又轻盈。

但我铭记这些面容，
还有那空洞眼眶中的寂静，
永远站在我面前的，
是一长列注定死亡的身影。

1906年9月

□ 寒冷的日子

我和你曾相会在神殿，
曾生活在欢乐的花园，
但我们却走向诅咒和辛劳，
当穿过那些龌龊的庭院。

我们穿过所有的大门，
看见每一扇窗前，
工作沉重地压在
每个弯曲的脊背上面。

于是，我们向那边走去，
我们将生活在低矮的天花板下，
人们被辛劳所折磨，
他们在互相咒骂。

你走过睡在地板上的人们，
尽力不把衣服弄脏；
在那被睡脏的角落里，
诅咒就是他们的梦乡……

你转过身来，信任地
注视着我的双眼……
在我的脸颊上
痴醉的泪水亮光闪闪。

不！幸福只是徒劳的忧患，
青春年华早已经一去不返。
工作将永世消磨我们的时间，
我挥铁锤，你拿针线。

你坐下缝衣，向窗外观看，
劳动到处把人们驱赶，
而那些不太艰难的人们
在把悠悠的歌儿咏叹。

我将工作在你的身边，
也许，你会忘却我的忧怨，
我看见了玻璃杯底，
把失望浸入美酒中间。

1906年9月

□ 在十月

我打开窗户。十月的首都
笼罩一片昏雾！
温驯的栗色小马
在庭院里散步。

雪花像轻盈的鹅毛
在寒风中飞舞，
柔软的云杉树梢
在高地上摇拂。

年轻时，生活曾无忧无虑，
但我的青春已入归途。
瞧，一个男孩子脸冻得发青，
在院里战栗、抽搐。

一切，一切都依然如故，
将永远这样重复：
严寒给小马和男孩子
带来不尽的痛苦。

没有任何理由
将我赶上阁楼。
没有任何人听我的申诉，
我吐的烟雾飘出窗口。

我还是想过自由的生活，
优哉游哉，
纵然再没有幸福的星光，
从我畅饮以来！

眼前，诱人的生活在浮荡，
在窗前摇晃……
真正的生活将要开始，
我将生出翅膀！

我甚至把所有的财产，
都带在自己身旁！
体验到，体验到自己的威力！……
于是，我要呐喊……飞翔！

我飞翔，飞向小男孩身边，
穿过狂风、烈火……
一切，一切都依然如故，
只是，早已无我！

1906 年 9 月

□ 公主把春天歌唱……

公主把春天歌唱，
歌声那样欢欣，那样响亮。
而我说："你等着瞧，公主，
你将为我哭泣忧伤。"

但她把双手放上我的肩膀，
话音在耳畔回响："不，请原谅。
拿起你的剑。准备战斗。
我将护佑你在路上。

去吧，去吧，回来时还年轻，
要忠于自己的职守。
我将保存我的冰和冷。
幽居在清澈的小楼。

优柔的目光中将充满欢乐，
岁月将静静地流淌。
城堡周围将永远沙沙喧响，
沟渠中的水流晶莹透亮……

是的，我准备着来日的重逢，
迎面向你伸出我的手掌，
你把春天从战场
带到了长矛的锋芒。”

远方垂下了蓝色的帷幕
笼罩的城堡、塔楼，和你，
请原谅，公主。我的道路漫长。
我要跟着如火的春天离去。

1906年10月

□ 戏 台

喂，年迈的驽马，
让我们摧毁莎士比亚！
金①

在污黑泥泞的路上，
没有升起蒙蒙的雾霭。
大板车在吁吁地喘气，
运载着我这褪色的戏台。

阿尔列吉白天的脸色
较彼耶罗的面容更苍白，
那缝制的五颜六色的烂衣，
被科乐姆比娜②在角落掩盖……

送殡的驽马，快把脚步儿迈！
众演员们，快将节目儿排，

①题词引自法国作家小仲马的剧本《金，天才和放荡》。埃德蒙·金(1787—1833)，英国话剧演员，他以扮演莎士比亚剧目的角色而享有盛名。

②阿尔列吉、彼耶罗、科乐姆比娜均为意大利民间“假面喜剧”中的传统角色。

为的是那流行的真理
能让大家痛苦又欢快！

腐烂已深入心灵深处，
但哭泣、歌唱、行走都是应该，
为了进入我奇妙歌声的天堂，
那平坦的大道已经畅开。

1906年11月

□ 呵，春天广袤无边……

呵，春天广袤无边，
无边无际的夙愿！
生活，我认出你！将你承担！
我欢迎你，用那盾牌的声喧！

挫折，我接受你，
成功，我向你敬礼！
在哭声的窘境中，
在笑声的秘密里，没有卑鄙！

我接受彻夜不眠的争论，

接受昏暗窗帏里的清晨，
为的是春天能激怒或陶醉
我这充满激情的眼神！

我接受荒漠的村落，
接受地上城市的井泉！
我接受浩瀚清亮的云端，
还有奴隶劳动的苦难！

我在门槛旁迎接你——
卷曲的发间暴风飞旋，
那冰凉，紧咬的双唇
在把上帝莫测的名字呼唤……

我永远不会放下手中的盾牌……
面对这充满敌意的会见，
你也永远不会显露出双肩……
但在我们头上，都是如醉的梦幻！

我凝望、打量着敌方，
既憎恨、诅咒，又是爱恋：
我知道，对于痛苦和死亡，
反正都一样：我要将你承担！

1907年10月24日

□ 桥上芦笛声喧……

桥上芦笛声喧，
苹果树花开烂漫。
仙子把一颗绿色的星，
举上高远的蓝天；
从桥上观望深潭，
从桥上把高空遥看，
真是妙不可言。

芦笛在唱：升起星灿，
牧人，快把群羊驱赶……
流水在桥下欢歌：
看，河水多么急湍，
永远不需再把心担，
如此明澈的深水，
从来未曾看见……
如此深邃的宁静，
从来未曾体验……
看，水流多么急湍，
你何时有过这样的梦幻？……

1908 年 5 月 22 日

□ 残酷的五月充满了白夜……

——致弗·波亚斯特①

残酷的五月充满了白夜！
永久的敲门声：快走出外界！
身后升起蔚蓝的烟雾，
前方是一片渺茫，等着毁灭！
妇女们瞪着疯狂的双眼，
胸前的蔷薇花已永远凋谢！
苏醒吧！用利剑把我刺穿，
让我的激情全部倾泄！
草场辽阔，环舞热烈，
走过去吧，欢腾跳跃，
同至交好友饮酒、谈笑，
把图样繁多的花环编结，
将鲜花分赠给别人的女友，

①弗拉基米尔·阿列克赛耶维奇·波亚斯特（别斯托夫斯基）（1886—1940），象征派诗人。自1905年起，和勃洛克结为好友，十月革命爆发以及长诗《十二个》出现后，两人关系破裂。

激情、忧伤、幸福也已衰竭。
但更值得的是跟着沉重的犁铧，
清晨新鲜的露水已洒遍沃野！

1908年5月28日

□ 致友人

沉寂吧，可恶的琴弦！
阿·马依柯夫

我们在暗中互为仇敌，
互相嫉妒、隔阂，视为异己，
如果要生活和工作，
怎能不懂得这永恒的敌意！

毫无办法！需知每个人都在尽力
将自己的房屋洒满毒汁，
毒液浸透了所有的墙壁，
使人的头脑无处栖息！

毫无办法！我们不再相信幸福，
欢笑得几乎要发疯，
我们瞪着醉眼从外面观看，
我们的房屋在瓦解土崩！

生活和友谊的叛徒，
高谈那些空洞的辞藻，
毫无办法！为了今后的子孙，
我们在把道路清扫！

在长满荨麻的篱笆下面，
当不幸的尸骨将要腐烂，
某个后世的历史学家，
会写出著作去动人情感……

可恶的著作，只会去折磨
那些天真无邪的少年儿童，
用那些充满生死的年月，
用那一大堆低劣的引证……

生活呵，这悲伤的命运，
是如此纷杂，艰难又欢欣，
你成为副教授的财产，
又将许多新的批评家滋生……

最好隐藏于繁茂的杂草，
最好永远忘怀在梦里！
沉寂吧，可恶的书篇！
我从来未曾撰写过你！

1908年7月24日

□ 诗人们

在城外浮动的沼泽地里，
有一段空旷的街坊矗立。
诗人们在那里生活，
见面时脸上挂着傲慢的笑意。

光辉灿烂的日子徒然降临
在这忧郁的沼泽地上空：
沼地的居民整日饮酒，
并进行勤勉的劳动。

当他们酒足饭饱，便发誓友好，
谈论那些下流、猥亵的老调。
凌晨，他们恶心呕吐，接着关紧房门，
开始迟钝而又艰辛的操劳。

然后，像狗一般爬出斗室，
去观看大海怎样燃烧。
而对每个过往女客的金色发辫，
他们都风流地陶醉、倾倒。

他们深情地把黄金时代幻想，
忽而又同声咒骂起出版商。
面对一朵小花，一片明亮的云朵，
他们会痛哭流涕，无限感伤……

诗人就是这样生活。朋友和读者！
这比起你更糟，也许，你会觉得，
还不如你平日软弱的挣扎，
不如你死水般庸俗的生活？

不，我亲爱的读者，盲目的评论家！
诗人至少还有那发辫、云彩，
至少还有黄金般的时代，
这一切你都不能明白！……

你只能满足自己和爱人，
和那部残缺不全的宪法，
而诗人患的是世界狂饮症，
对宪法他们了解得很差！

让我像狗一样在篱笆下死亡，
愿生活把我踩入土中埋葬，
我相信：不是上帝用雪把我送到远方，
就是暴风雪亲吻我的脸庞！

1908年7月24日

□ 我呆立在小酒馆的柜台旁……

我呆立在小酒馆的柜台旁。
早已喝醉。这对我都是一样。
我的幸福就在这三套马车上，
被载进银白色的雾嶂……

幸福乘马车飞驰，被淹没在
时间的雪堆，时代的远方……
只是马蹄下银白色的雾霭，
将心灵紧紧地缚绑……

马车拐入充满星火的幽静黑暗，
星火照耀，整夜、整夜一片明亮……
小铃铛在轭木下轻轻摇晃：
说幸福已失去大好时光……

只有马具金光闪亮，
整夜可以看见……整夜听见声响……
你呵，心灵……寂寞的心灵……
已进入醉乡……已进入醉乡……

1908 年 10 月 26 日

□ 当我第一次豁然猛醒……

当我第一次豁然猛醒，
艳丽的流霞四处飞迸，
迎着令人渴望的理想，
苍穹响起天使的号声。

但是，空虚寂寞的生活
已不能将凯旋容忍，
它把理想赖以生存的一切，
用缠绵的笑声化为畸形。

天使的号角已经停息，
白昼般的夜晚一片寂静。
生活呵，哪怕还我缠绵的笑声，
为的是在寂寞中不至锐气丧尽！

1909 年 3 月

□ 拉文那[1]

瞬息即逝的一切，腐烂易朽的一切，
你把它们全在世纪中埋葬。
拉文那，你像婴儿一样酣睡，
静躺在永恒的梦乡。

奴隶们不再运送镶嵌细工，
通过罗马帝国的殿门。
阴森的柱廊形大厅里，
那镀金的墙壁焚烧殆尽。

古代陵墓的拱门高大笨拙，
在潮湿缓缓亲吻下变得娇嫩，
神圣的僧侣和皇后在此安息，
石廊上已罩满了层层的绿痕。

---

①拉文那：古代西罗马帝国的首都，位于亚得里亚海岸边，后来走向衰败，变为意大利一座偏僻的小镇。

为了让欢悦的迦拉①那黝黑的目光，
苏醒后不再把墓碑点燃，
阴暗的大厅一片死寂，
冰冷的门坎上绿苔布满。

为了使普拉基塔复活的歌声，
不再吟唱那逝去岁月的热情，
那征战和欺凌的血迹，
已被遗忘和洗磨干净。

为了在石棺中沉睡的狄奥多里克，②
不再燃起那暴风雨般的生活幻想，
大海远远地退向后方③，
玫瑰花包围了古堡的城墙。

葡萄园已变成一片荒凉，
当年的房屋和人群统统都被埋葬。
只有镌刻着得意的拉丁文的铜币，
像号角一样在石板上歌唱。

---

①迦拉或普拉基塔：古罗马帝国皇帝君士坦丁的妻子，曾于5世纪中叶统治过古罗马帝国，后被安葬在拉文那。

②狄奥多里克（456—526），东哥特人的国王，曾侵占拉文那，并改为自己的国都，他死后被葬于拉文那。

③从古时起，亚得里亚海由拉文那向后退了约7千米。

有时，只有拉文那姑娘，
羞涩地排成一行，
那专注而安详的目光，
饱含着对海洋一去不返的忧伤。

只有每逢夜晚，但丁那鹰般的侧影，
躬身俯向山谷之旁，
计算着未来的时代，
为我们把《新生》① 歌唱。

1909年5—6月

□ SPOLETO姑娘②

你像教堂的明烛一样体态端庄，
你的目光像闪闪宝剑刺人心房。
姑娘，我不期待眼花缭乱的相会，
让我像僧侣在火中升入天堂③。

---

①《新生》：意大利伟大诗人但丁的作品。诗人曾在拉文那度过晚年，并安葬在此。

②SPOLETO：斯波莱托，意大利中部一城镇。

③此句暗示吉罗拉摩·萨伏纳洛拉（1452—1498）的命运。他是意大利著名的传教士和教会活动家。后被指控散布“异端邪说”，按宗教法庭的命令被吊在火上烧死。

我不乞求幸福。也不需要爱抚。
难道我会用粗鲁的抚爱将你欺辱?
我只是像艺术家一样向篱笆外张望,
你在那儿摘花,我满心爱慕!

玛利亚!一切已逝去,一去不复返,
你被太阳炙烤,被风儿追逐,
让目光在你天使般的身上复明,
让心儿感受最甜蜜的痛苦!

我把藏有诗句的珍贵钻石,
默默地编进你那乌黑的发卷。
我把这颗热切爱恋的心,
抛入你黑色泉水似的慧眼。

1909年6月3日

□ 佩鲁贾[1]

日子过得喜忧参半,

---

①佩鲁贾:意大利翁布里亚省的首府。

翁由里亚山的灰烬飘着蔚蓝色轻烟。
突然，阵雨倾盆，凉风习习，
在畅开的窗外，汇成大合唱的声喧。

在窗里，彼鲁其诺①的壁画下面，
黑色的眼睛在笑，心胸在呼吸舒展：
有人想用黝黑的手，
但又不敢曳来花篮……

花篮上，写着白色的题字：
“今天晚间……佛朗齐斯科②寺院……”

1909年6月

□ 佛罗伦萨，你像温柔的鸢尾花……

佛罗伦萨③，你像温柔的鸢尾花；
在你那罩满尘土的卡什内④公园，

---

①彼鲁其诺（1446—1524），意大利文艺复兴时期的一位画家。
②佛朗齐斯科，即阿西西的佛朗齐斯科（1182—1226），意大利僧侣，是天主教会中最受尊敬的“圣人”之一。
③佛罗伦萨：意大利中部城市。
④卡什内：佛罗伦萨城内一公园，园中有许多鸢尾花。

我怀着无望的绵绵情意，
整天在把何人思念？

呵，无望的回想也充满香甜：
幻想和生活在你深深的草丛；
走向你古时的炎热，
也走向自己衰老心灵的温情……

但是，我们注定要最终离别，
越过那遥远的天边，
我将梦见你朦胧的鸢尾花，
就像梦见我青春的华年。

1909 年 6 月

□ 漆黑的天空敞开着许多虚幻的窗[1]……

漆黑的天空敞开着许多虚幻的窗，
古代宫殿上聚光灯发出强烈的光。
她走过，身穿绣花的衣裳，

---

①本诗是勃洛克根据在佛罗伦萨大街上听到的一首意大利民歌的主题而创作的。

笑容挂在黝黑的脸庞。

美酒使我的目光变得迷茫，
血脉中燃起火焰四处流淌……
今晚将为我唱些什么，姑娘？
唱些什么，为使您进入甜蜜的梦乡？

1909 年 6 月

□ MADONNA DA SETTIGNANO①

我和你相遇在山隘道旁，
我那明澈的目光
认出了托斯卡那朦胧的远方，
还有群山的影像。

你黄色头巾上缀满了鲜花，
罂粟花色如梦幻一样。
你睁着像碧空般的大眼，

---

①MADONNA DA SETTIGNANO：意大利语，意为“塞蒂尼亚诺圣母像”。塞蒂尼亚诺为佛罗伦萨附近托斯卡那地区的一个地方。据诗人解释：“这首诗源自位于半山某处的一座半身圣母像，圣母围着一条缀满鲜花的黄色头巾。”

目送赤贫的漂泊者走向远方。

你可允许我这永恒的旅人
把古老的禁令遗忘?
迷恋地重复着你的名字，玛利亚，
在这异地他乡?

1909年6月3日

□ 艺术，这是重荷在肩[①]……

艺术，这是重荷在肩，
而生活中充满转瞬即逝的琐事，
我们诗人对此应该如何评判?
沉溺于怠惰有多么甜蜜，
可以感到，鲜血在血管急速流淌，
那声音如同唱歌一般，
要跟在飞驰的云朵后面，
抓住抛入热情的爱恋，
幻想着，似乎生活本身

---

①本诗描写的是，诗人在意大利小镇佛里尼奥偶然看到了他一年前在彼得堡早已看过的影片。

将展现在灯红酒绿的盛宴，
将展现在灯光闪烁的影片，
将展现在温柔的吟唱之间！
而经过一年，在异地他乡：
陌生的城市，无比的疲倦，
众多的人群，而银幕上重新出现
法国女郎那美丽的容颜！……

1909年6月于Foligno①

□ 这一切早已逝去，逝去，逝去……

这一切早已逝去，逝去，逝去，
日月循环，周而复始。
什么样的谎言，什么样的力量，
才能将你挽回呵，往昔？

清晨时光，洁净、晶亮，
在莫斯科克里姆林宫的宫墙旁，
我的大地能否为我挽回
心灵中那最初的欢畅？

①Foligno：意大利文，佛里尼奥。

也许在涅瓦河上的复活节之夜，
迎着风雪、严寒和浮冰，
一位赤贫的老大娘拿着手杖，
将我平静的尸体翻动？

也许在我钟爱的林中草地①，
灰蒙蒙的秋季飒飒风起，
一只年轻的鸢迎着雨雾
要啄烂我的躯体？

也许只是在没有星光的忧郁时刻，
我被围在四堵墙之间，
心中怀着钢铁般的信念，
将在白色的床单上睡眠？

在迥然不同的新生活中，
难道我将忘却昔日的理想，
要牢牢铭记那些首领②，
就像今天怀念卡利达③一样？

但是我相信，我曾热烈地爱恋，

---

①林中草地：指诗人的沙赫马托沃庄园。

②首领：指中世纪威尼斯共和国的首领。

③卡利达：莫斯科大公伊万·达尼洛维奇一世的绰号。他是俄罗斯土地的第一个征集者，1325—1340年间在位。

这贫困的生活充满战栗，
这奇妙的热情，在周身激荡，
这一切终将逝去，不留丝毫痕迹！

1909年8月

□ 深秋时节，从港湾……

深秋时节，从港湾
驶出满载的轮船，
离开白雪覆盖的大地，
起航在预定的时间。

起重机矗立在水面
映衬在漆黑的天空，
在积雪的岸上，
摇晃着一盏孤灯。

一位水手未被允许上船，
他踉跄着走过暴雪狂风。
一切都失去，一切都喝尽，
满足了，再多我也不能……

而空旷的港湾岸边，
清莹的初雪已经盖满……
在这最纯洁、最柔和的白被里，
水手，你可睡得香甜？

1909年11月14日

□ 甜蜜的“天使”

两扇房门紧关，
甜蜜的“天使”透过缝隙窥探，
新年松树装饰多么华美，
孩子们在愉快地嬉玩。

保姆在儿童室里生火，
火苗毕剥，火光灿烂……
然而，“天使”在融化。这是德国货。
他一点不感到疼痛和温暖。

起初，融化的是糖孩的双翅，
小头也倒向了后边。
两条糖腿全被折断，
躺在一汪糖液之间……

然后，糖液被风吹干，
女主人寻找，“天使”已经不见……
而年迈的保姆眼花耳聋，
她什么也不记得，只是不住埋怨……

世事如烈火明亮鲜艳，
生活像喧闹的浮华虚幻，
折断吧，消融吧，毁灭吧，
人们那脆弱的夙愿！

正是如此！毁灭吧！和您有何相干？
但愿心灵这顽皮的姑娘，
仅此一次，把往事怀念，
悄悄地为您流泪伤感……

1909年11月25日

□ 为科米萨尔热芙斯卡娅[1]之死而作

夜半时分，她来到了
遥远的极地，死亡的边缘。
人们不相信，也没有料到，
正如积雪未消融，五月天未暖。

人们不相信。她那青春的歌喉
还在为我们流着泪歌唱春天，
仿佛在那陌生的高山，
轻风为我们拨响琴弦。

仿佛严冬已经退去，
暴风雪把苍穹撕成碎片，
六翼天使像琴弦般哭泣，
在世界上空把翅膀挥展……

但在我们的墓穴中一片寂静，

---

①薇拉·费多罗芙娜·科米萨尔热芙斯卡娅（1864—1910），天才的歌剧女演员，在演出界，特别是青年中，获得巨大的成功。

极地笼罩着银白色的寒冷。
她去了。离开了一切辉煌灿烂，
此处仅留下：羽翼飞翔在黎明。

什么在为她痛哭？什么还在奋争？
她还要从我们这里将什么空等？
我们不知道。消亡了春天的歌声，
殒灭了蓝色明眸般的星星。

是的，人们茫然，乌云低悬……
我们在何处赢得凯旋？
在这里蕴藏着白炽石，
魔草①就生长在脚边……

就这样长眠吧，你经受了荣誉、
爱情、生活、诽谤的磨难……
现在，你终于和你的理想在一起了，
它辉煌壮丽，但却不可实现。

而我们，用什么摆上悼念的酒宴？
我们能知道什么，又能将什么贡献？
哪怕让死比生更让人理解，
哪怕让出殡的火炬燃烧在夜间……

---

①白炽石和魔草：均为俄罗斯民间迷信传说、童话和歌曲中的形象。

哪怕让信念和我们同在天空，
请透过乌云遥望；她在那边，
那是一面旗帜迎风飘展，
那是令人向往的极乐春天。

1910年2月

□ 琴声

——致叶·伊万诺夫①

一轮明月从深草丛中升起，
宛如英雄那红色的盾牌，
激昂的乐曲如浪涛奔涌，
拍击着霞光映照的大海。

凯旋的时刻一片光明，
我鸣叫的琴弓，你为何怒气冲冲，
汇入那世界的乐队，
用这匆忙而孤独的歌声？

---

①叶甫盖尼·巴甫洛维奇·伊万诺夫（1879—1942），文学家。勃洛克最亲密、知心和忠实的朋友。

要学习草丛深情脉脉，
要注进霞光荡漾的海波，
将自己悠扬的琴声，
献给提琴之外的祖国。

1910年2月

□ 恶魔[①]

梦境呵，请贴紧我的胸膛，
在异乡，我不是生活，而是终日徬徨……
在充满你的热吻的虚幻中，
我看见了新事物的光芒！

在你极度的苦闷之中，
缥缈的春天充满悲伤，
它对我燃起遥远的火光，
和着祖尔纳管②的乐声飘荡。

---

①据勃洛克解释，本诗系受俄罗斯杰出画家M.A.甫鲁别里（1856—1910）逝世的影响而作。甫鲁别里曾创作过几幅以“恶魔”为题的画（其中包括《被推翻的恶魔》）。这首诗还暗示了莱蒙托夫和甫鲁别里《恶魔》的联系。
②一种西洋乐器。——译者注

我把疲惫的双唇和目光，
带给烟笼雾罩的淡紫色山岗，
带给光线和声响，
连接起被折断的臂膀。

山顶的霞光如烈火燃烧，
蓝色山洪仿佛展翅飞翔，
我身在高山，但永远没有力量，
去做了美梦，把塔玛拉①幻想……

我只是梦见，在遥远的山乡，
在永恒高山的陡坡旁，
那千褶百皱的披纱，
对着我们忧郁地向天空飘扬……

灰尘弥漫，四处飞荡，
灰尘在哭泣，祖尔纳管在吟唱……
让未婚夫跳吧，但跳不完了！
他身中切禅人②的子弹一命身亡。

1910年4月19日

---

①莱蒙托夫长诗《恶魔》中的女主人公。
②切禅人：居住在北高加索的少数民族。

□ 多艰难呵，在人群中徜徉

有个人在那里燃烧身亡。

费特

多艰难呵，在人群中徜徉，
还要装作是没有死亡，
并对那些尚未出世的人
把充满激情的悲剧来讲。

详细观察夜晚的噩梦，
要在不协调的感情旋风中觅求协调，
为了根据艺术那暗淡的余晖，
辨认出毁灭生活的烈火燃烧！

1910 年 5 月 10 日

□ 在铁路上[①]

——致玛丽娅·巴甫洛夫娜·伊凡诺娃[②]

在路基下，壕沟里长满荒草，
她像活人一样，躺着观看，
她年轻而又美貌，
彩色的头巾抛向发辫。

往日，她常常彬彬有礼地行走，
迎着附近树林后的喧闹和风吼。
走过幽长的月台，
在遮棚下激动地等候。

列车驰来，车窗像三只明亮的眼睛，
那脸上红晕柔和，头上鬈发高拢：
也许，是某个旅客

---

①勃洛克曾说明，这首诗无意识地模仿了列夫·托尔斯泰的长篇小说《复活》中的一段情节：“卡秋莎·玛丝洛娃在小车站上看见了聂赫留朵夫，他正坐在灯光明亮的头等包厢窗口的一把天鹅绒安乐椅上。”

②玛丽娅·巴甫洛夫娜·伊凡诺娃（1874—1941），医生，勃洛克的朋友 E. Л. 伊凡诺夫的姐姐。

在车窗深情地向外把秋波暗送……

车厢沿着熟悉的路线前进，
上下摇晃，轧轧作响；
黄色和蓝色车厢寂然无声，
而绿色车厢①中又哭又唱。

睡眼惺忪的人们站在玻璃窗后，
平静的目光向着四周张望，
望着月光和长满阴暗树丛的花园，
望着她，还有宪兵在她身旁……

只有一次，一位骠骑兵，
手随便地支撑着艳红的天鹅绒，
曾对她掠过一丝温柔的笑容……
列车一闪而过，向着远方驰骋。

庸碌的青春就这样逝去，
在空虚的幻想中筋疲力竭……
漫长的铁路饱含着悲切，
汽笛鸣响，使人心儿欲裂……

是的，心儿早就受尽折磨！

---

①在革命前的俄国，一等车厢涂蓝色，二等车厢涂黄色，三等车厢涂绿色。

那么多的行礼、鞠躬，
那么多贪婪的目光，
一齐投向车窗那空旷的眼睛……

不要靠近她，带着疑虑满腹，
对你们都是一样，而她却心满意足：
不论是爱情、诽谤，或是车轮
将她活活压死，一切都是充满痛苦。

1910年6月14日

□ 当你被人群驱赶[①]……

当你被人群驱赶，
当你被忧虑或苦闷摧残；
当你躺在墓碑之下，
令人陶醉的一切已入梦幻；
当你沿着荒芜的城市，
慢步返回家园，
心头充满失望和痛苦，
冰霜压积在眉尖，

---

①该诗收集在长诗《复仇》中，作为第三章的结尾。

那你就逗留片刻吧，
聆听这岑寂的夜晚：
凭听觉去理解，
你在白天尚未理解的生活；
以新的目光去遥望，
那积雪满街的远方，那篝火的浓烟，
那飘荡在白雪皑皑的花园上空的夜色，
正在静静地等待着晨曦的出现，
还有天空，这是书中之书；
那你会在空虚的心灵中，
重新找到母亲那可敬的容颜，
就在这无与伦比的瞬间，
那玻璃灯的花纹，
那能冻结血液的严寒，
还有你那冰冷的爱情，
这一切都将在心中点燃感恩的火焰，
那时，你会对一切感激万端，
你会懂得，生活比布朗德①
那最大限度的意志更无法计算，
而世界呵，总是美好无限。

1911年1月

①布朗德：易卜生同名剧作的主人公，是能承受“最大限度”生活重担的坚强有力的形象。

□ 我感谢过去的一切[①]……

我感谢过去的一切，
更佳的命运我没有寻找。
心灵呵，你曾有多深沉的爱情！
理智呵，你曾多么炽烈地燃烧！

让幸福和灾难
把痛苦的足迹在身后尽抛，
但在激情和风暴和良久的思念中
我并未失去昔日的光耀。

我曾把你磨炼出崭新的面貌，
原谅我吧，我们俩永在一道，
你不会用语言表达的一切，
我从你的形象中已经知晓。

一双明眸在专注地瞧，
心儿在胸中激动地跳，

①这首诗是《诗选》第三册的结束语。该册的书名为《雪夜》。

在雪夜寒冷的昏暗中，
继续走自己那忠诚的道。

1912 年 1 月 15 日

□ 飞行家[①]

飞机飞上寥廓的苍穹。
两扇螺旋叶片在晃动，
就像跃入水中的海怪，
乘着气流在急速滑行。

螺旋桨宛如歌唱的琴弦……
看，意志坚定的飞行员
迎着看台上空那曚昽的太阳，
在急速地飞行，盘旋……

---

①据笔记中记载，1911 年 5 月 14 日，在有许多酒足饭饱的资产阶级观众参加的“航空周”期间，勃洛克亲眼看见 B. Φ. 斯米特被摔死，他是俄罗斯首批飞行员之一。勃洛克被航空的最初成就强烈吸引，他坚信，螺旋桨的轰鸣给“世界带来新的声音”，“在人们的飞行中，哪怕是不成功的飞行中，也包含着某些古老的人类注定要达到的，因而也是崇高的成就。”

已经到那不可能触及的高处，
铜制的发动机在闪闪发光……
在远方，隐隐可以看见和听见，
螺旋桨在继续转动和歌唱……

然后，人们的目光在茫然寻找：
天上找不到踪迹丝毫；
透过高高举起的望远镜，
只能看见空气像透明的水流浮飘……

这里，暑气在四处漫延，
草场上空笼罩着昏暗，
机棚，人群，一切的一切，
仿佛都被紧钉在地面……

但是，在金色的雾幔之中，
仿佛又响起了天国的和声……
飞机越来越近，掌声暂起，
然而，这破纪录的人将遭不幸！

飞机越来越低地下降，
叶片越来越急剧地弯曲，
突然……飞机变样，不成形状，
裂缝都是一样的大张……

飞机像只野兽，螺旋桨无息无声，
机身在空中高悬，角度斜得令人吃惊……
快用失色的目光去寻找
空旷气流中何处能支撑！

已经晚了：在平坦的草地上，
翅膀已被弯成弧状……
机器的导线纠缠在一起……
扶手比杠杆还要硬僵……

你为何在蓝天上是那样勇敢，
在自己第一次，也是最后一次的飞翔？
可是那出卖灵魂的交际花，
向你投去了迷人的目光？

或者，你亲身体验到，
那极度的兴奋会招致死亡，
便疯狂地自由降落，
自己关闭了螺旋桨？

或者是未来战争那可怕的景象，
使你不幸的头脑中毒受伤：
夜行的飞机在雨雾中飞翔，
把炸弹投向了大地上？

1910年—1912年1月

□ 科曼多尔的脚步声①

——致维·阿·卓尔根夫列依②

门口悬着沉重、厚密的帏幕，
夜晚的窗外笼罩着雾嶂。
现在，你那令人厌恶的自由又有何用，
体验过恐惧的唐·璜？

豪华的卧室中寒冷而又空荡，
仆役入睡，夜阑人静。
从那遥远而陌生的安乐之邦，
传来了雄鸡的啼鸣。

---

①本诗取材于中世纪西班牙关于青年贵族唐·璜的传说。他勾引了一位信教的姑娘（一说为寡妇）科曼多尔·唐·娜·安娜，并使之为此献出了生命。欧洲文学和音乐作品以他为主题的有100多种，如西班牙剧作家蒂尔索·德莫利纳的剧本、法国剧作家莫里哀的喜剧、英国诗人拜伦的长诗、俄国诗人普希金的长诗、奥地利音乐家莫扎特的歌剧等，这些作者以不同的手法刻画了这个人物的性格和行为。而勃洛克却赋予这一题材以全新和本来的意义。

②维里盖利姆·亚历山大洛维奇·卓尔根夫列依（1882—1938），诗人、翻译家、勃洛克的朋友。

极乐的声音对叛逆者又有何用?
瞬息的生命已不久长。
唐·娜·安娜在睡眠,双手交叉在胸口,
唐·娜·安娜游荡在梦乡……

是谁那冷酷的面容呆滞发僵,
在镜中现出映象?
安娜,安娜,香甜吗,睡在坟墓中?
遨游仙境般的梦幻可觉甜香?

生活空虚、疯狂而深奥!
昔日的劫运,快去战斗!
作为回答的是胜利和爱恋,
在飞雪的幽暗中号角高奏……

宛如猫头鹰般宁静的黑色引擎,
疾驰而过,把火焰喷向夜空;
科曼多尔迈进房中,
沉重的脚步踏得轻轻……

房门敞开。大地冰雪覆盖,
夜晚喑哑的钟声隐约来自门外;
钟声仿佛说:“你请我共进晚餐。
我来了。你可备好饭菜?……”

对这个严酷的问题没有回答，
没有回答，一片喑哑，
黎明时刻，豪华的卧室中有些可怕，
仆役沉睡，夜色淡雅。

黎明时刻，寒冷而奇妙，
黎明时刻，夜幕尚浓。
光明天使！唐·娜·安娜，你在何方？
安娜，安娜，一片寂静。

只有当威严的晨雾降临，
传来最后一次钟声：
唐·娜·安娜将在死亡的时辰起身，
安·娜将起身在死亡的时辰。

1910 年—1912 年 2 月 16 日

□ 一个死者要装成生者并充满热情[①]……

一个死者要装成生者并充满热情，
在这人们中间是何等的艰难！
但是，应该，应该挤入社会，
为了功名把骨骼的撞击声遮掩……

生者在安睡，死者却从棺椁中起身，
走向银行、法庭和参议院……
夜晚愈漫长，愤怒便愈黑暗，
他得意扬扬地挥动着沙沙的笔尖。

死者一整天在写着报告。
一天公务结束后，请看：
他不住地摆动着屁股，
对参议员把淫秽的笑话低谈……

夜幕徐降。蒙蒙细雨使泥浆飞溅，

---

①这首诗是组诗《死亡的舞蹈》中的第一首，勃洛克在诗中以独特的艺术力量抒发了自己对资产阶级“恐怖世界”中的感受。在这个世界中都是些精神亡人，他们注定要从历史中，从活生生的现实中消失。

溅满行人、房屋和此类的胡言……
不断鸣笛的出租汽车
把死者载向更加丑陋的地面。

死者身穿雅致的燕尾服，
匆匆赶往人声鼎沸、圆柱成排的大厅。
女主人和丈夫是一对白痴，
都向他报以垂青的笑颜。

一天无聊的公务使他困倦，
但骨骼的撞击声乐曲般回旋……
他紧紧握住友好的双手，
他也应该像活人，像活人一样出现！

直到圆柱旁边，才和女友的目光相遇，
女友也是死者，如他一般，
从他们文质彬彬的暗语中，
你可以听到如下的交谈：

“劳累的朋友，在这大厅里我感到恐怖。”
“劳累的朋友，回到坟墓更是寒冷一片。”
“已经夜半。”“是的，但您还不曾邀请
NN① 去跳华尔兹。她对您无比爱恋……”

---

①NN：系指人名。——译者注

在那边，NN热情的目光正将他寻找，
寻找他，激情在血液中滚翻……
在少女那秀美的脸颊上，
洋溢着真挚爱情那无法理解的欣欢……

死者对她把毫无意义的话语低喃，
还讲些活人也迷恋的语言，
他在看，女友的肩膀泛起绯红，
肩上的头颅又垂向胸前……

他满怀幽冥中的愤懑，
在把上流社会早已习惯的毒液扩散……
“他多么聪睿呵！他对我是多么爱恋！”

冥冥中传来的奇怪声响萦绕她的耳畔：
那是骨骼相互碰撞的声喧。

1912年2月19日

□ 青年时代的激情又重新勃起……

青年时代的激情又重新勃起，
还有迸发的力量，偏激的意气……

但从未有过幸福，现在也未有踪迹，
对此再无须怀疑！

你想要跨越险恶的年代，
可到处都有人窥视着你。
如果你终于安然无恙，
也许，你会相信奇迹。

你最终会发现，
幸福根本就是多余，
这永远不会实现的幻想，
就够你半生的努力。

金樽里盛满创作的欢欣，
已漫漫地溢出了边际，
这一切都不是我的，而是我们的，
早已确定起和世界的联系。

只是你略带柔情的笑靥，
有时会使我回忆起，
人们常说的所谓幸福，
不过是儿时的幻想，朦胧依稀！

1912年6月19日

□ 斗转星移，岁月流逝……

斗转星移，岁月流逝。
空荡的宇宙用它幽暗的目光窥视。
而你，疲惫忧伤的心灵呀，
老是讲那幸福，说了多少次？

幸福是什么？可是那昏暗花园
和树林深处傍晚的凉爽？
或者是灯红酒绿、纵情狂饮、
醉生梦死的骄淫放荡？

什么是幸福？是短暂、紧凑的时光，
是劳累后的恍惚、休憩和梦乡……
等你苏醒，又是疯疯癫癫的飞翔，
头晕目眩，不知去向……

刚刚得到喘息，庆幸绕过危险……
但就在一瞬，身后又是一鞭！
你像只陀螺似的被随意嬉戏，
嗡嗡鸣响着疾驰、旋转！

我们抓住这转动的尖端，
永远聆听这嗡嗡的鸣响，
心中泛起许多原因、空间、时间的遐想，
眼花缭乱的旋转惹人发狂……

何时才是终结？再也没有力量
去无休止地聆听这烦人的声响……
一切多么可怕！多么粗野！快来帮忙，
伙伴，朋友，我们又将陷入迷惘。

1912 年 7 月 2 日

□ 有这样的时刻……

有这样的时刻，当那生活不祥的雷电
不再给我们带来惊忧不安。
有人便会把手按在我的双肩，
有人会炯炯地注视着我的双眼……

尘世的琐事瞬息间将要沉没，
仿佛又堕入黑暗的无底深渊……
在深渊上空会慢慢升起

那静静的七色彩虹一弯……

绷紧的心弦像竖琴一面，
四周是隐秘的寂静一片，
如果拨动这被生命窒息的琴弦，
青春的曲调便会低沉地回旋。

1912 年 7 月

□ 夜晚、街道、路灯、药铺……

夜晚、街道、路灯、药铺，
灯光冷峻无情，模模糊糊。
就是再生活四分之一世纪，
一切仍是这样，毫无出路。

你纵然死去，又得重迈旅途，
一切又会像昔日那样重复：
夜晚，沟渠里冰冻的涟漪，
街道、路灯、药铺。

1912 年 10 月 10 日

□ 梦　境[1]

该睡觉了，真可惜，
真不想睡得这么早！
摇篮轻轻地摇，像马儿悠悠地跑，
哦，跨上马鞍有多好！

神灯像笼罩在雾里，
一二，一二，一！
骑士在前进……而保姆
在讲着没讲完的故事……

我专心听那古老，古老的
关于勇士的童话，
还有外国的公主，
外国公主……哎呀……

一二，一二！身穿甲胄的骑士
用力催动战马，

---

①这首诗表现了普希金《死公主和七勇士的故事》中的某些情节。

他还返身招手，
叫我紧跟着他……

他挥手，驰向远方，
跨过大海，越过大洋，
驰进朦胧的蓝色迷雾，
那儿有位公主沉睡在梦乡……

她在水晶床上
已沉睡了一百个长夜茫茫，
绿色的神灯，
把她的双眼照亮……

在锦衾中，在灯光下，
她在梦中听见，
宝剑碰上水晶床
发出的响亮声响……

愤怒的骑士和谁
厮杀了七个夜晚？
在第七夜，公主头顶上
出现了一圈明亮的光环……

穿过昏睡的夜幕，
灯光在蔓延，

钥匙叮叮当当，
碰响监狱的门栓……

在小床上打盹有多香甜。
睡着了吗？哦，听着哩……我这就睡眠。
神灯绿色的火苗呵，
我多么把你爱恋！

1912 年 10 月

□ 加埃坦之歌[①]

狂风呼啸，
海洋歌唱，
雪花飞扬，
转瞬即逝的世纪在飞驰
欢乐的海岸进入了梦乡！

在沉沉的黑夜里，

---

①本诗选自勃洛克的剧本《玫瑰花与十字架》。加埃坦是一位游侠，为剧中主要人物之一。他写了一首《朦胧之歌》，歌中认为痛苦能够化为欢乐。

纺车嗡嗡地歌唱。
看不见的纺女全神贯注
在把命运精心地织纺。

如火的晚霞，
窥视着骑士的眼睛。
夜空的星光，
照亮了不祥的命运。

世界的无限欢乐，
献给了歌唱的心房，
喧嚣的海洋召唤你去，
路迢迢呵，雾茫茫。

注定的一切定会实现，
快向不可能的幻想投降。
对心儿来说，确定不移的规律：
悲伤便是欢乐，欢乐便是悲伤！

你未来的道路：流浪，
喧嚣的海洋在歌唱。
欢乐呵，欢乐——痛苦哟，
疼痛来自从未体验过的创伤！

到处是灾难和沦丧，

又是什么等待你在前方？
快快升起飘带飞扬的帆樯，
在你身穿坚固铠甲的胸前，
把十字架的符号标上！

狂风呼啸，
海洋歌唱，
雪花飞扬，
转瞬即逝的世纪在飞驰，
欢乐的海岸已进入了梦乡！

1912年11月

□ 致缪斯①

隐匿在你内心的曲调里，
是关于死亡的不祥之音。
还有着对箴言的诅咒，
还包含对幸福的欺凌。

---

①缪斯：希腊神话中司文艺、美术、科学的九位女神之一。——译者注

还有那充满引诱的力量，
我准备当作传说反复播讲，
你炫耀自己的美丽，
仿佛要诱惑天使离开天堂……

每当你嘲笑信念，
有一圈紫灰色的冥冥光环，
会突然在你头顶上点燃，
这光环我过去也曾看见。

你是恶呢，还是善？
谈论起你，众说纷繁：
对别人来说，你是缪斯，是惊人奇迹，
而对我来说，你是痛苦，是地狱深渊。

我不知道，为什么在黎明时，
当我的力量已全部耗费，
却没有死去，是因为觑见了你吗？
还是因为请求过你的安慰？

我希望我们成为仇雠，
可你为什么偏要赠予我
开满鲜花的草场，布满星光的天宇，
莫非这是对你自己美丽的诅咒？

你温柔的爱抚实在可怕，
比北方的夜晚更加阴险，
比金色的香槟更加醉人，
比茨冈人的爱情更加短暂……

神圣的遭受践踏，
欢乐里包含不祥，
使心儿陶醉的慰藉，
只是那苦味的激情，像艾蒿一样！

1912年12月29日

□ 亲爱的朋友，在这宁静的房中

亲爱的朋友，在这宁静的房中，
狂热冲击着我的心胸。
在这寂静的房中，虽有暖和的炉火，
可我却感到无地自容！

万簌鸣唱，暴风雪在呼啸，
我惧怕这逸安……
女友呵，甚至在你的肩后
也有人在虎视眈眈！

你的双肩平静而安详，
我听到你肩后颤动的翅膀……
司掌风雪的天使阿兹拉依①，
向我袭来明亮的目光！

1913年10月

□ 艺术家

在炎热的夏季和风雪的冬天，
不论当你们喜庆，或是婚丧，
我都期待那至今未闻的轻微声响，
驱走我心中的万般惆怅。

呵，这声音终于出现了。我冷漠地注视着，
预测是将它理解、还是保留，或让它死亡。
面对着我这饱含期待的敏锐目光，
这声音像刚能察觉的细线，慢慢抽长。

是来自海上的旋风？是天堂的幸福鸟

①阿兹拉依：东方神话中之死神。

在万绿丛中歌唱？还是停滞的时光？
或者是五月里苹果树上白花开放，
像飞雪一样？或者是天使在飞翔？

笼罩世界的时光在不断延长，
声音、运动和光线在变得宽广。
过去在热切地注视着未来，
没有现在，抱怨也没有地方。

终于，分娩了新的灵魂
还有那蕴而未露的力量。
可是诅咒闪雷般泼向这新生儿身上，
创造的智慧也赶来使灵魂惨遭身亡。

一只轻盈而善良的自由之鸟飞来，
它本想拯救魂灵，
它本想带走死亡，
却让我关进了寒冷的铁笼。

这就是我铁制的鸟笼，沉重异常，
就像在夜晚火光映照下一片金黄。
瞧我这只曾是愉快的小鸟，
晃动着箍环，在窗台上哀唱。

翅膀被剪短，歌声多响亮。

你们可喜欢站在窗台上？
你们喜欢这歌唱，可我痛苦异常，
我期待着新的事物，重又感到惆怅。

1913 年 12 月 12 日

□ 有一种戏弄……

有一种戏弄：小心翼翼走进房中，
为的是使人们的注意力放松；
然后再用目光找到猎物，
并不知不觉将它跟踪。

如果跟踪的是一个人，
不论他是多么迟钝和愚笨，
他都会感到那注视的目光，
甚至在角落里微微颤动的嘴唇。

而另一个人却立即明白了，
他哆嗦着手和双肩；
猛转过身，什么也没发现，
但他心头增添了不安。

无形的目光之十分可怕，
就因你不可能抓住它；
你能感觉，但不能理解，
是谁的眼睛在把你观察。

不是谋财，不是钟情，也不是复仇，
不过是戏弄，就像孩子们在嬉玩；
在人们的每一次聚会上，
都会有这样的秘密暗探。

你自己有时也弄不懂，
为何不时发生这样的事情，
你自己来到人们中间，
而离开时，却失掉了原形。

有丑陋的，也有美丽的眼睛，
只是最好别用来监视跟踪：
因为我们每个人都受够了
形形色色无名的戏弄……

痛苦呵！就是经过千载，
我们也无法把心灵测量，
虽然我们能听见所有行星的飞翔，
还有寂静中雷声的轰响……

而暂时我们还生活在未知中，
我们还体验不到自己的力量，
正如孩子们玩火，
会把自己和别人烧伤……

1913年12月18日

□ 曾记否？在我们沉寂的海湾[①]……

曾记否？在我们沉寂的海湾，
碧绿的海水正在睡眠，
这时，驶来一艘艘
排成单列纵队的军舰。

一共四艘，全是灰色，
疑问使我们久久地悸动不安，
脸色黝黑的水兵们，
傲慢地走过我们身边。

---

①1911年8月，法国海军分舰队开进法国阿贝弗拉克港口，当时勃洛克和爱人正住在那里。欧洲当时的政治形势异常紧张，勃洛克把分舰队的出现解读为世界大战来临的预兆。

世界变得更加诱人和宽广，
但，军舰突然离港出航。
我们清楚可见：四艘战舰
全隐没在夜雾茫茫的海洋。

大海复又平静，
灯塔上忧郁的火光忽隐忽现，
此刻，扬旗低悬，
在把最后的信号递传……

无论你或我，都还是孩子，
对生活的要求少得可怜。
只要遇上件最细小的新鲜事，
心儿也会让欢乐充满。

就像偶然发现异国的花粉，
在袖珍的小刀上面，
那世界又会重新变得神奇，
笼罩上一层彩色的雾幔！

1911 年—1914 年 2 月 6 日

□ 屋外细雨蒙蒙，泥泞一片……

屋外细雨蒙蒙，泥泞一片，
不知道为何苦闷伤感。
寂寞得想痛哭一场，
全身的力量无处施展。

孤寂的悲伤无缘无故，
纷乱的思绪萦绕心间，
让我们劈好细薄的木片，
将茶炊的炉火熊熊点燃！

也许，几盏茶后，
我这唠唠叨叨的语言，
能以短暂的欢娱，
温暖你萎靡的双眼。

但愿这古老的习俗万古常存！
但愿生活得从容悠闲！
也许，这饮过茶的心灵，
可以将忧伤驱散！

1915年12月10日

□ 狂风呼啸……

狂风呼啸，
将玻璃窗撼摇，
百叶窗的合页，
被猛烈吹掉。

复活节的晨祷开始了，
忧伤的钟声遥远、缥缈，
四周是黑暗、荒郊。
只有狂风，这不速之客，
在把大门猛摇。

窗外还是暗夜迢迢，
脚步的沙沙声惹起一片喧闹，
那边，河上传来浮冰的断裂声，
那边，未婚妻盼我盼得心焦……

我怎能摆脱这可恶的昏睡，
又怎样能将这来客赶跑？
我怎能不把心爱的姑娘
留给这肆虐的陌生强盗？

如果这风，粗野的黑风，
硬要闯来做客，
并把我的房舍猛摇，
我怎能不感到绝望，
又怎能不将世上一切尽抛？

风呵，你为什么
把玻璃晃摇？
将百叶窗的合页
粗野地吹掉？

1916年3月22日

□ 致普希金宫①

在苏联科学院里，
普希金的名字多么响亮！
他那明白而熟悉的声音，
充满了每个人的心房！

---

①这是勃洛克的最后一首诗，写于隆重纪念普希金逝世84周年的前几天。在纪念会上，勃洛克发表了题为“诗人的使命”的热情演说。普希金宫最初是普希金纪念馆，而现在是苏联科学院俄罗斯文学研究所。

它是春讯初动的河上
冰排碰撞发出的声响，
它是远洋轮酬答的笛鸣
荡漾在海空之上。

它是涅瓦河旁古老的斯芬克斯①
遥望着缓缓远流的波浪，
又是那青铜骑士②
骑着僵立的战马凌空飞翔。

面对神秘莫测的涅瓦河
我们的心充满悲伤，
我们曾迎接黑暗的一天
却误认为是白夜的火光。

历史长河为我们开创的前景
是何等的灿烂辉煌！
我们呼唤的不是眼前的时光，
而是把未来的世纪作为理想。

抛开目前艰难岁月
那短暂的迷惘，
我们远远望见美好的未来

---

①斯芬克斯：古埃及狮身人面像。有一座立在涅瓦河岸，在艺术院大厦的对面。

②青铜骑士：彼得大帝纪念像。

那五彩缤纷的雾嶂。

普希金！我们紧跟着你，
将“秘密的自由”① 高唱！
请在默默的斗争中伸过手掌，
帮我们战胜雨暴风狂！

可是你那甜蜜的声音
在那些年代鼓舞我们向上？
普希金，可是你那欢乐的情绪
曾使我们斗志昂扬？

正因为这样，在苏联科学院里，
普希金宫的名字才如此响亮，
如此熟悉的声音
才紧贴在每个人的心房。

正因为这样，每当日落黄昏，
我走进沉沉的夜乡，
都要向他默默地致敬，
从元老院白色的广场②。

1921年2月11日

---

①“秘密的自由”：引自普希金的诗歌《致Н. Я. 普留斯阔娃》。

②元老院广场：现为十二月党人广场。由此可望见涅瓦河对岸苏联科学院的主体大厦。

□ 十二个[①]

一

黑夜沉沉。
白雪如银。
风在吼，风在吼！
人们站立不稳。
风在吼，风在吼，
扫荡浩浩乾坤！

狂风呼啸，
雪花纷纷，
雪下结满冰凌。
道滑，路难行，
每个过路者
都会滑倒——唉，可怜的人！

在两幢大厦之间
绷着绳索一根。

---

①《十二个》是勃洛克的著名长诗。1918 年 2 月 18 日，最初发表在彼得堡《劳动旗帜》报上；4 月，在《我们的路》杂志第一期上转载；5 月，出版了单行本。

上悬一条标语：
“一切权力归立宪会议！”①
一位老婆婆哭得多伤心，
这是干什么呀，她怎么也搞不清，
为啥要挂这样的标语，
为啥要糟踏这么大块布？
这能给孩子们裁多少包脚布呵，
可所有的人还是光脚、赤身……

老婆婆呵，像只母鸡，
颠颠撞撞地绕过雪堆。
“啊，圣母保佑！”
“啊，布尔什维克要把人赶进坟冢！

狂风刮面！
严寒步步逼近！
一个资本家站在十字路口
把鼻子缩进衣领。

啊，这是什么人？蓄着长发
话音沉闷：
“一群卖国贼！”
“俄罗斯就毁在如今！”

---

①“一切权力归立宪会议！”是1918年1月间俄国各资产阶级政党提出的反动口号，用来和“一切权力归苏维埃！”的口号相对抗。——译者注

也许，这是位作家，
也许，是一个饶舌的人……
那边是个穿长袍的人，
走过雪堆，斜侧着身……
是神父同志
如今为何不高兴？

曾记否，就在从前，
你走路肚子向前挺，
肚子上的十字架闪光，
冲着平民老百姓？……

那边是位穿皮衣的阔太太
碰见另一位贵妇人：
“我们都哭个不停，哭个不停……”
说着脚下一滑，
跌倒在地，扑通一声！

喂，喂！
接上一把，快快起身！

愉快的风
又凶恶，又高兴。
撩起衣裙，
吹倒行人，
撕着、揉着、刮着
那幅大标语：

“一切权力归立宪会议！”
还送来话语阵阵：①

……我们也曾开会……
……就在这幢楼房中……
……我们也曾讨论，
并且商定：
一个时辰十块钱，一整夜二十五……
……再少，是谁也不行……
我们该去入梦……

夜色深沉。
街寂巷空。
一个流浪汉
背驼肩拱，
还有风在嘶鸣……

喂，可怜虫！
快过来，
让我们亲亲……

要面包！
还不知未来的命运？
赶快滚！

①下面对话是街头娼妓的暗语。——译者注

黝黑，黝黑的夜空。

邪恶，忧伤的邪恶
在胸中翻滚……
邪恶多么黑暗，邪恶多么神圣……

同志呵，要看清，
千万留神！

二

寒风游荡，雪花飞扬，
十二个人呵赶路匆忙。

黑色皮带上挂着步枪，
四周是火光，火光，火光……

嘴里叼着手卷的纸烟，军帽歪戴头上，
背后应该再缝上红方块爱司的花样！①

自由了，自由了
喂，喂，再不戴十字胸章！

特嘟——当——当！

---

①红方块爱司：是指十月革命前缝在苦役犯人背后红色或黄色的方块布。

好冷呵，同志们，好冷呵！

“而万卡和卡契在酒馆里……”
“她把票子在袜子里面藏！”

“万纽什卡现在发财了……”
“万卡①曾和我们是一伙，现在也把兵当！”

“喂，万卡，你这狗崽子，资本家，
试试看，你敢亲我心上的姑娘！”

自由了，自由了，
喂，喂，再不戴十字胸章！

卡契卡和万卡都在忙，
有什么，有什么可忙？……

特啷——当——当！

四周是火光，火光，火光……
快背好挂在皮带上的步枪……

迈着革命的步伐前进！
警觉的敌人不会把眼睛闭上！

---

①万卡和万纽什卡是同一个人。万纽什卡为万卡的爱称。——译者注

同志，端起枪，别紧张！
用子弹射击神圣俄罗斯的胸膛，

那坚固经久的，
那布满茅舍的，
那粗壮的俄罗斯的胸膛！

喂，喂，再不戴十字胸章！

三

我们的孩子们
都去赤卫军里服务，
都去赤卫军里服务，
不惜抛掷勇敢的头颅！

唉，甜蜜的生活，
你变得含辛茹苦！
只剩下奥地利的枪炮，
还有褴褛的衣裤！

我们要让所有的资产者受苦，
燃起世界的大火，
这是血与火的报复，
上帝呵，为我们祝福！

四

雪花飞飘，马车夫在喊叫，

万卡和卡契卡飞驰在雪道，
一只小小的手电筒
绑在车杆上……
唉，唉，要往下掉！……

万卡穿着士兵的外套，
一副傻头傻脑，
他捋着，捋着黑胡须，
他不停捋着黑胡须，
不停地开着玩笑……

瞧这个万卡，他肩膀宽！
瞧这个万卡，他嘴巴巧！
他搂着卡契卡这个傻姑娘，
又说又有笑……

她把脸向后仰靠，
牙齿闪光像珠宝……
你呵，卡嘉①，我的卡嘉，
你的圆脸多俊俏……

五

卡嘉，在你的脖子上，
还有没愈合的刀伤。
卡嘉，在你的胸脯前，

---

①卡契卡和卡嘉均为卡捷林娜一名的爱称。

伤疤还清晰可望！

喂，喂，来跳个舞！
你的一双小脚有多漂亮！

你曾穿着花边衬衣游逛，
游逛吧，游逛！
你曾和军官们在一起放荡，
放荡吧，放荡！

唉，唉，放荡吧！
心儿在胸口怦怦作响！
卡嘉，你可记得那个军官，
他没能逃脱我的锋芒……
你可是不愿回想，臭婆娘？
还是那么健忘？

喂，喂，快回想
让我和你同上床！

你戴过灰色的护腿套，
你嚼过“密依”巧克力糖，
你曾和士官生①们闲逛，
现在怎么又和当兵的勾搭上？

---

①士官生，系沙俄时代士官学校的学生，十月革命时，他们充当了临时政府的“支柱”，是苏维埃政权的凶恶敌人。

唉，唉，犯罪吧！
这样心里才舒畅！

六

……马车又迎面驶过，
车夫在飞驰，咆哮，狂喊……

停住，停住！安德留哈，快帮忙！
彼特鲁哈，从后面追赶！……

嗒嗒，嗒嗒，嗒嗒嗒！
雪尘翻飞直上云天！……

车夫和万卡都逃跑了……
再瞄一次！把枪机紧扳！……

嗒嗒，嗒嗒嗒！让你知道，
………………………………
勾引别人家姑娘罪恶不浅！……

逃跑了你这坏蛋！好吧，等着瞧，
等明天我再把你惩办！

卡契卡在哪儿？她死了，死了！
脑袋被子弹打穿！

怎么，卡契卡，可快活？没有声响……
你这死鬼，就躺在雪地上面！

迈着革命的步伐向前！
警觉的敌人不会合眼！

七

十二个人重新把路赶，
枪枝扛在肩。
只有那个可怜的杀人者，
脸色变得多难看……

他越走越快，
加紧步伐走向前。
他把头巾裹在脖颈上，
心情怎么也不安……

“同志，你为何不愉快？”
“朋友，你可是有些慌乱？”
“彼特鲁哈，你为何心灰意懒，
还是对卡契卡悯怜？”

“呵，亲爱的同志们，
我曾对这姑娘爱恋……
和这个姑娘在一起，
度过了多少漆黑、痴醉的夜晚……

“因为在她如火的眼睛里，
闪耀着放纵的勇敢；
因为在她的右肩旁，
有一颗殷红的痣瘢，
唉！我一时气愤竟将她打死，
竟将她打死，我这糊涂蛋……”

“噫，你这家伙，净瞎扯淡，
彼奇卡①，怎么，你不是男子汉？”
“是吗，你是想把心掏出来，
让别人看？那就请便！”
“要维护自己的尊严！”
“要对自己严加监管！”

“要过分对你照顾，
现在还不是时间！
亲爱的同志呵，
我们还有更重的任务在肩！”

彼特鲁哈那急速的脚步
渐渐地放慢……

他慢慢昂起头，
又露出了笑脸……

---

①彼奇卡和彼特鲁哈均为彼得一名的爱称。——译者注

唉，唉！
寻欢作乐不算把罪犯！
快把楼房紧关，
马上动手抢劫！

砸开地窖的锁，
穷人现在也要游转！

八

你呵，痛苦何其多！
寂寞的寂寞，
死般的寂寞！

我也会有时间
快活，快活……

我也会在头上
梳摸，梳摸……

我也要把瓜子
嗑嗑，嗑嗑……

我也要用小刀
割割，割割！……①

①以上四节诗，采自俄国当时流行的民间歌谣，表现了得势之后的报复心情。——译者注

你像麻雀一样飞吧，资产者！
为了我的情人，
那黑眼眉的姑娘，
我要把你的血喝……

上帝呵，抚慰你的女奴的魂魄吧……

寂寞！

九

再听不见城市的喧嚣，
涅瓦钟楼上空笼罩着静幽①，
再没有巡警前来干涉，
游逛吧，孩子们，只是没有好酒！
一个资本家站在十字街头，
把鼻子缩进了领口。
身旁是一条夹着尾巴的癞皮狗，
僵硬的粗毛在瑟瑟发抖。

这个资本家站着，正像一条饿狗，
他像一个问号，缄默不开口。
整个旧世界就像一只丧家之犬，

①这两句引自一首民间流行的抒情歌曲，稍有改动，歌曲来源于普希金时代的诗人Ф. Н. 格林卡的诗《囚徒》。涅瓦钟楼是指彼得堡涅瓦大街上的杜马大厦，上面为钟楼。

夹着尾巴。跟在他的身后。

十

突来一阵猛烈的暴雪狂风，
呵，暴风雪，呵，暴风雪！
相隔四步之外，
彼此看不见人影！

飞雪像漏斗在转动，
飞雪像圆柱在上升……

“呵，好猛的风雪，求上苍开恩！”
“彼奇卡！喂，别胡念经！
那圣像前的金帏
曾救过你什么事情？
你真是没有自觉性，
要判断，好好动脑筋；
你双手不是沾满血迹，
为了卡契卡的爱情？”
“迈着革命的步伐向前！
警觉的敌人就在附近！”

前进，前进，前进！
劳动的人民！①

---

①这两句是俄国革命歌曲《华沙革命歌》的歌词。歌曲作者是Г. М. 克利日让诺夫斯基。

十一

……十二个人向远方行进，
他们都不信仰圣名。
准备应付一切，
什么也不怜悯……

他们的钢枪
对准暗藏的敌人……
对准那空寂的小巷，
那儿风雪正紧……
怎儿也拔不出靴子，
它在松软的雪堆里隐陷得很深……

小小红旗，
扑打着眼睛。

四处回响
有节奏的脚步声。

看那凶恶的敌人
就要苏醒……

暴风雪迷住他们的眼睛，
日日夜夜，
一刻不停……

前进，前进，
劳动的人民！

十二

……迈着雄壮的步伐走向远方……
“谁还在那儿？快走出来！”
这是风卷红旗
在前面翻扬……

前面是寒冷的雪堆，
“快出来，谁在雪堆里躲藏！”
原来只是一条饿狗，
跛着脚在后面游荡……

“你这癞皮狗，快滚到一旁，
我要用刺刀给你搔痒！
旧世界就像你这癞皮狗，
倒下去，我要当头给你一棒！”

……露着犬牙，活像一只饿狼，
夹着尾巴，紧紧跟在后方，
这条受冻的狗，丧家之犬……
“喂，快回答，是谁在那厢？”

“谁在那儿把红旗摇晃？”
“仔细看看，黑暗无光！”
“谁在那儿快步跑动，

在所有的房子后面隐藏?”

“不管怎样，我要抓住你，
最好是活着向我投降!”
“喂，同志，情况不妙，
走出来，我们就要开枪!”

嗒、嗒、嗒！只有回音
在房屋间震响……
只有那暴风雪长久的狞笑，
在雪堆里回荡……

嗒嗒——嗒——嗒!
嗒嗒——嗒——嗒……

……他们就这样前进，步伐雄壮，
身后一只饿狗多么恓惶，
前面一个人，举着血染的红旗，
暴风雪将他遮挡，
子弹不能将他击伤，
他步履轻盈，凌驾暴风雪之上，
细碎的雪花如珍珠飞扬，
他头戴白色的玫瑰花圈，
这是耶酥·基督走在前方。

1918年1月

罗日杰斯特文斯基 ［俄罗斯］

▷▷▷

罗伯特·伊万诺维奇·罗日杰斯特文斯基，俄罗斯著名诗人。他生于1932年，先后在彼得罗扎沃德斯克大学和高尔基文学院学习。他从50年代起开始发表作品，至今已出版了30多部诗集，成为苏联文坛上最引人注目的诗人之一。他的诗歌作品内容极其广泛，观点、立场明确，充满动人的激情，而政治抒情诗则是其诗歌最显著的特点。诗人的作品大多比较粗犷，具有浓郁的口语色彩，仿佛在与读者直接交谈，但也有不少奇特的比喻。

他的作品主要有：《考验》《漂流的大街》《荒无人烟的群岛》《给同龄人》《薇拉的儿子》《献词》《城市的声音》《在遥远的西方》和长诗《二百一十步》等。其中诗集《城市的声音》和长诗《二百一十步》曾获1979年苏联国家文学奖金。

这里选译的四首诗，是诗人20世纪80年代的新作。

□ 泉

转向
泉水的鸣响，
俯身

偶迂的溪旁。

那细流不过——

像孩童的手掌。

是像孩童的手掌，

流水

还带着甜香……

这无名的，

平凡的水泉，

它自己也未必知道，

还在流淌。

它也完全不懂——

为了什么……

也许，你会

把这水泉

遗忘。

当然，没有水泉，

你也能度过时光……

但是对于森林——

它却像鬓角的血管一样。

□ 退休者

这个庭院内，
曾轰响着隆隆的机器，
他在这里照看了孙子，并不感到烦腻。
出租汽车司机向他喊道：
“喂，老大爷！
做个朋友吧，请问，
第六号通路在哪里？……”

他和我谈论
有关足球的事情。
他显得更加消瘦
从背影……
……但在这个不雅观的
身后——
却有着两次革命
和三次战争。

□ 无　题

请别把
朋友和亲人的责备
记在心间，
快打消报复的恶念！
您会立即
把自己
所有的厄运
全归咎于时间。
你愿什么也不会使您
激动不安。
您裹身在温柔的棉絮，
高声喊道，时间——
毫不相干！
您反复强调：
时间没有罪愆！……

一分分，
一周周，
一年年，

让它们回答吧，
而时间
不知道
跑向谁边，
又不知
从何处飞还。
如果在中午
您感到黑暗，
如果在节日
您觉得心酸，
那就责怪时间吧！
时间
会把一切承担——
因为它浩瀚无沿！
让时间说出全部答案——
为什么呢？——
但是，这无关紧要。
即便是因为
邻居的
妻子
比您的更好看！
因为，生来的命运
就不相连。
因为，您的心情
难过又灰暗。

因为，这般……

因为，这般……

主要是因为，
在人们面前
您早已理屈词穷
难以言传。

□ 旅 途

非常古老的
寺院，
还有城堡，
还有教堂——
这些，像磁铁一样，
使最好动的人
也变得稳坐如僵……

人们摒弃一切异议，
在途中
争论是没有市场：
“怎么?!

真是这样?!

难道

至今没有

来过这些地方?!

但此事可以补偿！……”

不到六点钟

人们已经起床。

闪过——小溪。

闪过——树林。

闪过——海洋。

我们——

在路上！……

马达的轰鸣凄凉。

热浪的声响疯狂，

喘着气——

开往山上，

开往山上，

再——眯着眼——

驶下山岗！

中午

黏得像糖一样。

心里——充满痛苦，

眼中——暗淡无光……

这是世界上

第一百零八个

奇迹——
好容易等到了！——
这神奇的景象！……

石头，
由于尘土而变黄，
有三分之一
埋进了土壤……
“总的来讲，
也可以不去眺望……
主要的是，
我们已经
来到这些地方！……”

奥列格·谢尔盖耶维奇

［俄罗斯］

哈巴洛夫·奥列格·谢尔盖耶维奇，生于1941年，俄罗斯当代作家、诗人。他的童年和青年时代，是在沃罗涅日和伏尔加格勒州的乡村度过的。1963年，他大学毕业，进入了科研机构。长期以来，从事环境保护的研究，从一名普通的科研工作者，最后进入科学院的领导阶层。

哈巴洛夫又是一位作家和诗人。出版有诗集《极地之光》等。2011年，陕西省作家代表团访问俄罗斯时，他将诗集《极地之光》作为礼物赠送给了西安作家、诗人杨莹，下面几首诗就是选译自该诗集。

□ 秋季悄然降临我的身旁……

秋季悄然降临我的身旁，
语言，像落叶一般地变黄。
树木如蜡烛一样燃烧，
云杉虽绿，但充满忧伤。

天空在喃喃低语，
用暴力俘获了秋光。

寂静中可以听见，
冬日那醉人酒宴的疯狂。

大自然——我的祖国，
你是大地神圣的乐章；
我也属于你呵，
你是我的欢乐和惆怅……

1979 年

□ 受伤的天鹅

——献给女儿安娜

一只白色的天鹅落在门前，
四周是生机盎然的春天。
成群的天鹅——在把路赶，
把她抛得很远，很远……

她无法赶上展翅飞翔的群体，
广阔的原野也无法望见，
我的朋友，你要相信我，相信我，
你的伤痛就是我的苦难。

她摇摆着身躯，挣扎着站立起身，
拍打着受伤的翅膀飞向高远；
白色的天鹅慢慢消逝在天边，
一根羽毛在花园上空飘落、盘旋……

1980 年

□ 不需要功勋和奖章

不需要功勋和奖章，
我只要自由和歌唱。
我知道，我天生一片童心，
我知道，朝霞在亲吻我的脸庞。

大地会看见：我和她永在一起，
她是我最高的奖赏，
她是我永远的荣光，
她也会为我的离去而悲伤。

1980 年

□ 母亲的歌

在峰峦叠嶂的山岗，
整个村庄已进入梦乡；
我亲爱的小儿子，
他就要奔赴战场……

你要带上锋利的战刀，
带上准确的手枪，
还有善良的心灵，
和勇敢的心脏。

让锋利的战刀，
把敌人砍倒；
让准确的手枪，
和勇敢的心脏，
把敌人击伤。

让战争夺走，
锋利的战刀吧，
夺走准确的手枪，

还有勇敢的心脏。

儿子呵，让心灵
回到家乡，
回到家乡，
回到家乡……

在峰峦叠嶂的山岗，
整个村庄已进入梦乡；
儿子的心灵呵，
又回到亲人身旁。

1981 年

路易·阿拉贡 [法国]

▷▷▷

路易·阿拉贡，生于1879年，是卓越的法国作家、诗人和社会活动家。两次世界大战期间，他是法国抵抗运动的积极斗士和杰出诗人。然后，又继续发表了许多革命作品。其主要作品有长篇小说《共产党人》《红色战线》；诗集有《断肠集》《新断肠集》《法兰西的曙光》等。

□ 我听见，听见世界……

我听见，听见这个世界……
五颜六色的人群匆匆走过。
不！这个世界安排得并不好，
我的心灵在受着折磨。

没有勇气，激情也很微弱，
看不到丝毫的变革；
岁月流逝，而一切依然故我，
人们的生活被习惯束缚。

你在春天向往些什么？

寂默中，你把手伸向哪个？
是谁在计算失去的年月？
所有废话都是空洞无物！

面孔一张，两张，三张……
不尽的人流，这是不幸的江河；
遇见这些不幸者，我手足无措，
我又能为他们做些什么？

我只是唱歌，唱歌，唱歌，
为的是灵魂能够复活，
为了一周能有一个星期日，
为了正义的事业放射希望的光波。

我见过许多人，他们精疲力竭，
然后悄然消失，像一缕烟火。
他们要求得很少、很少，
所以他们心中的仇恨也不多！

我听见脚步声和说话声，
谈话的内容无比广阔：
有的谈论报纸上的新闻，
有的讲判断亲疏要根据眼色。

人们呵，你们究竟发生了什么？

为什么你们的光彩已经减弱?
你们被击碎了，望着你们，
使我的心里涌起痛苦的悲歌。

光阴在不停地流转，
有时雷霆也会从世界滚过，
灾难会一个接一个发出，
灾难和灾难都相仿。

你们可愿对蓝天顶礼膜拜，
我自己就是这样的角色。
我突然信仰起平静的天国，
就像海鸥迷恋于喧闹的海波。

但是，我对你们老实说，
为了信仰，我得紧捂耳朵。
不，我们的心灵没有差别，
我和你们全都差不多。

像沙泣那样相像，
鲜血在不停地洒落，
我和你们全都一样，
就如受伤的手指和心窝。

我多么想去帮助你们!

但我的话被白白吹落，
被抛进暗夜的黑风之中，
没收到一丁一点的效果。

手势不能吸引，召唤无动于衷，
我仿佛置身于聋人之国。
于是，你们听不见我的话，
继续沿着你们的路途奔波。

然而，我们是生活在同一地狱，
我们头上是同一称霸的恶魔，
捆绑我们的是同一根绳索，
我们分享的是同一个灾祸。

已是什么时辰？气候又是如何？
我多么想帮助你们点什么。
人们呵，虽然道路崎岖坎坷，
但这能使你们的痛苦减弱。

理想有时激烈，有时平和，
我不能和你们一同沉默。
总有一天，星光将照亮地狱，
我将同星光一起闪烁。

（转译自俄语）

吉耶维克［法国］

▷▷▷

吉耶维克，法国当代诗人。

□ 我望见海岸的沙滩

我望见海岸的沙滩，
于是，我不愿离开人间。

我听到远处海豚的歌唱，
于是我不愿离开人间。

我用双手扒开沙砾，
然后，在海岸上睡眠。

我把沙子捏在手中，
风儿又慢慢将它吹散。

时光渐渐把我带走，
但我丝毫未曾发现。

我睡在礁石之间，
身旁是大海和沙滩。

我懂得海浪在讲些什么，
在岩石的裂缝之间。

我懂得海豚在唱些什么，
因此，我不愿，我不愿呵，
让末日降临人间。

（转译自俄语）

戴斯诺思［法国］

▷▷▷

罗拜尔·戴斯诺思（1900—1945），法国当代著名诗人。他的诗歌构思奇巧，富于哲理。曾写过多本诗集，如《自由和爱情》《财富》《共同的财产》等。

□ 明天

即便是经过了一万年，
我仍有力量预感和等待你，明天 。
时光像一个瘦弱的老人步履艰难，
我知道，他将一去永不复返。

明天定会来到，但是我们等了年复一年，
我们珍藏着火和光，等呵等呵，彻夜不眠；
我们低语相盼，窗外风雨满天，
远方的雷鸣穿过雨雾隐约可以听见。

漫漫的长夜，冰冷的黑暗，
我们在论证：明天的花朵一定鲜艳……
我们不想生活在将来，只想在今天，
因此，我们不睡，免得黎明时醒得太晚。

□ 声 音

这声音距离我们如此遥远，
以至听觉也失去了它的敏感，
但是，这声音像隐约的鼓点，
还是不停地涌进我们的心间。

虽然，这声音仿佛来自墓地，
但它能告诉我们春季和夏天，
它使欢乐将我们的身体充满，
使微笑将我们的双唇点燃。

我能够听见，听出这是人的声音，
穿过战斗的轰响和生活的呐喊，
穿过震耳的雷鸣和低声的絮谈。

而你们，这声音你们可曾听见？
它在说："灾难就要结束。"
它在说："春天已经不远，不远。"
这声音难道你们未曾听见？

（转译自俄语）

塞尔涅 [法国]

▷▷▷

克劳德·塞尔涅，生于1902年，法国当代诗人。曾出版多本诗集，如《用同样语言》《阶段》《天职之歌》等。

□ 人

在世界的某一个地方，
他吃饭、睡觉、恋爱，
他在希望，他在幻想；
如果有工作，他还要歌唱。
汗水从额上流淌；
他还哭泣，如果悲伤。
总之，他活在世上。

世界，这就是世界，
把人的智慧珍藏。

他家中有小桌一张，
还有刚够身长的小床，
妻子比所有的女人都漂亮。

这一切他都能立即认出，
他们和主人甚至很相像。
他在生活，他很幸福，
在世界的某一个地方。

世界，这就是世界，
人的亲人生活之乡。

但是，如果他忍受饥肠，
如果惊恐闯进梦乡，
如果失去了任何希望；
那么，尽管他心地善良，
也会把仇恨之火烧旺。
于是，他生活，他斗争，
在世界的某一个地方。

这样，世界改变着面貌，
这样，生活在奔向前方。

（转译自俄语）

梅热拉伊蒂斯［立陶宛］

▷▷▷

爱德华达斯·梅热拉伊蒂斯，生于1919年，立陶宛诗人。他出身工人家庭，1943年加入共产党，从1956年开始，任立陶宛作协主席。他从1935年便开始发表作品，出版过许多种诗集，1961年出版诗集《人》曾引起轰动，并于次年获列宁奖金。作品主要有《旋转木马》(1967)、《这里是立陶宛》(1968)、《叙事小诗》(1975)、《哑剧》(1980)等。此外，他还翻译过普希金、莱蒙托夫、谢甫琴科、马尔夏克等诗人的作品。

□ 古老的习俗

在亚美尼亚有一个古老的习俗：
要给阵亡将士的棺材里放一本书。
这难道是因为书中有至高无上的力量，
可以去减轻那些创伤的痛苦？

在亚美尼亚每个没有子女的家庭，
都要像收养孩子一样，广集图书。
书籍至今被放在显著的位置，

就像家庭成员一样备受爱护。

在亚美尼亚的新婚喜庆时刻，
人们像赠送黄金一样把书作为礼物。
难道它可以织成一根根金线，
可以使家庭永远保持和睦？

在亚美尼亚我找到诚挚的朋友，
是书籍使我们互相结识，一见如故。
我亲爱的涅曼河和聪慧的高加索，
都像被书中的字行紧紧连接到一处。

□ 风雨交加的大地

我这风雨交加的大地呀，
从来不乞求任何怜悯，
而我也不去发哀求的呻吟。

我这风雨交加的大地呀，
用粮食和歌曲充满仓囤，
而我则去亲手聚集它们。

我这风雨交加的大地呀，
把雨变成金，把风变成银，
而我曾帮助它将幻想变成真。

我这风雨交加的大地呀，
收集着雨，把风送给别人，
而我也学会了这样的本领。

我这风雨交加的大地呀，
生下我，宛如一株有用的大树，
而我则吐出一片绿荫。

我这风雨交加的大地呀，
公平地给予我枝干和树根，
而我将这一切全部献奉。

我这风雨交加的大地呀，
锤炼在水与火、雨与风之中，
而我也在这斗争中炼成。

我这风雨交加的大地呀，
过去、将来都存在，我也将永存，
只要我这大地充满雨和风。

穆拉捷诺维奇 [南斯拉夫]①

▷▷▷

塔那谢·穆拉捷诺维奇，南斯拉夫诗人。生于1913年，曾参加过反对德国侵略者的人民解放斗争。曾写过许多本诗集。这首诗选自他的诗集《时间的风》。

□ 时光

脚步缓缓，让我们停下来认真思考，
思绪绵绵，把往事和现实互相对照。
时光慢慢地从我们身边流过，
十字路口的坟墓像一个个巨大的问号。

这坟墓矗立在我们的心里，
这儿是我们的亲友安息之地；
他们曾在战场冲杀，在荒野捐躯，
那墓前的石碑遥望着未来的天际。

---

① 本诗是译者在苏联《文学报》上读到的，译文曾发表于《福建文学》。作者是原南斯拉夫人，目前属于哪一个国家已不可考。

让我们停下来，反复地思考，
让时间的风儿把往事抹掉，
让回忆随波流逝，一去不返，
岁月荏苒，留下的怀念支离而漂缈。

但是，这紧连着我们的生活和理想，
有朝一日，会唤起我们无穷的力量，
我们又会感到自己的存在，
虽然那遥远的岁月已被遗忘。

我们又会发现被黑暗吞没的理想，
一切都迎刃而解，云彩也放声歌唱。
这一天正在矫健地走来，
我们将挽回那失去的时光。

（转译自俄语）

第二部分

美 洲 诗 人

桑德堡 ［美国］

▷▷▷

卡尔·桑德堡（1878—1967），美国著名诗人。他继承了惠特曼的诗风，并有新的发展，是芝加哥诗派代表之一，被公认为芝加哥歌手。

桑德堡的诗歌赞美现代工业的巨大威力，赞美工厂和摩天大楼。1914年他的成名诗《芝加哥》及其他八首诗发表在芝加哥的《诗歌杂志》上，引起很大反响，有人咒骂，有人喝彩，从此，他坚持不懈，取得了卓越的成就。他的作品有《芝加哥诗集》《剥玉米的人》《烟和钢》《日焚西方的碎片》《早安，美国》以及《美国民歌集》等。

□ 芝加哥

是世界的屠场，
是工具作坊，小麦粮仓。
这里铁路密如蛛网，运输连接四方，
烟雾迷茫，机声轰响，人声喧嚷，
城市像长着宽大的肩膀。
人们告诉我你充满邪恶而我对此深信不疑，

因为我看见，

你那些涂脂抹粉的妇女在煤气灯下把农村的青年诱骗。
人们还告诉我你奸诈而阴险，而我回答：是的，这千真万确，
我曾看见持枪歹徒杀人，释放后又去凶杀作案。
人们又告诉我你野蛮而凶残，我回答我曾看见，
淫荡的欲望在妇女和儿童的脸上闪现。
我如此回答，然后转向这些人，他们在把我的城市讥笑，
于是，我也给他们以冷嘲，并对他们说道：
请让我看另一座城市，它高昂着头，歌唱无比自豪，
它充满朝气，身强力壮又可爱灵巧。
但是，我们这位高大勇敢的巨人，工作如山，无比辛劳，
虽然发些咒骂、劳骚，却和那些平静悠闲的小城镇形成鲜明对照，
它像准备扑人的狗那样，伸长舌头，凶猛无比，
又如原始人那样充满着智慧，奋战在荒郊，
　　它头不戴帽，
　　挥舞着铁锹，
　　备受着辛劳，
　　把蓝图绘描，
进行建设，遭到破坏，又重新建造。
顶着浓烟，满嘴尘土，笑着，白色的牙齿在闪光。
肩负着命运可怕的重担，笑着，像年轻人一样，
笑着，甚至像无知的士兵永远只会拼杀在战场，
夸耀着，大笑着，腕下脉搏在激荡，
而肋骨下面是一颗人民的心脏。
　　笑着！
笑着，烟雾迷茫，机声轰响，人声喧嚷，青年人汗流浃

背，光着脊梁，
自豪吧，作为屠场，工具作坊，小麦粮仓还有铁路密如蛛网，运输通向四方。

（译自英语）

□ 三个词

童年时，我曾听到过三个美好的词语，
成千上万的法国人为之在街垒奋斗牺牲；
这三个词就是：自由、平等、博爱，
我曾不解，人们何以要为这些词献出生命。

当我长大，那些令人尊敬的长胡须的人说，
三个令人向往的词是：母亲、家庭和天空；
而另一些年纪更长的人奖章挂满前胸，
他们说，三个词是：上帝、天职和永生，
他们拖长了音调，不住地叹息声声。

人类的命运像一口巨大的钟，
岁月的钟声叮叮当当一刻也不停。
突然，辽阔的俄罗斯有三个词如闪光流星，
工人们紧握武器为之勇敢冲锋，

这三个词是：面包、土地、和平。

有一次，我遇见一位美国舰队的水兵，
有个海港姑娘偎依在他的怀中。
水兵说："应该会讲三个词，
它们是：火腿和煎蛋，
还有什么？我亲爱的宝贝，
另外，再加一点爱情！"

（转译自俄语）

□ 摩天大楼

白天，摩天大楼矗立在烟雾之中，阳光下显得精神抖擞。
大街宛如高原、峡谷不停地向大楼注入滚滚人流，
然后沿着各层楼漫淌，最后又流回到高低起伏的街口。
男人和女人，小伙子和姑娘们整日里进进出出，
使大楼把一张充满幻想、思维和回忆的迷网织就。
被抛弃到海上和荒丘的人们，有谁能回忆起这座高楼。
叫着它的名字，或者询问警察去那里应该怎么走？
电梯沿着钢缆滑动，邮车运载着公文和信件，
铁管输送着煤气和水，另外还排走污垢。
电线通报着秘密，传送光亮和语言，以及恐慌、获利和

爱情的消息，
还有情妇的唠叨，生意经和投机商的诅咒。
每时每刻，沉箱越来越深地放入石砌的基础，使楼房更加牢固地依附于飞行的地球。
每时每刻，钢架越来越高地撑起屋脊，
使楼板和墙壁更加坚固经久。
每时每刻，按照建筑师的设计方案，
石块和洋灰紧紧地混凝成一个整体结构。
每时每刻，永恒的时间压力正不停地将大厦内外腐蚀、破坏，
另外还有酷热和暴雨，空气和铁锈。

曾在此打木桩和拌石灰的工人们现在已躺进墓地，
风儿在他们头顶粗野地将无词的歌曲吹奏。
他们有的曾架设电线，有的曾铺设管道，
他们曾亲眼目睹，楼房怎样慢慢耸入云头。
但现在他们全离开了这里，石灰搬运工到几百里外去讨饭。
石匠因斗殴中打伤人而被监狱禁囚。
(有一个工人从脚手架上摔下，而粉身碎骨，他被砌进大楼的墙壁，灵魂仍在此停留。)

成百上千的姓名一叠叠地堆在办公室的门口，
有的谋杀儿女，有的调戏妇女，有的把暴力追求。
在门牌后，工作在紧张进行，墙壁将室内密闭，一丝不透。
董事、法学家、工程师口授的信件成吨地飞向世界各地，
而女速记员们每周只能得到十美元的报酬。

每个女办事员和大楼头目的眼泪及笑容，
将摩天大楼的灵魂铸就。

时针指向十二点，每层楼将男人和女人排出，
他们步行或乘车离开，然后又回到大楼。
午后，傍晚，繁忙的公务渐渐停收，
大家工作得慢慢悠悠，已感到一天的尽头。
大楼一层层空荡……，佩有金银带的电梯司机一个个离去。
铁桶在鸣响……，女清洁工擦洗地板，各国的语言在交流。
排刷和拖把从各层楼洗刷掉人们的酸臭，
还有一天的痰迹和机器留下的污垢。
楼顶上，霓虹灯的大字透过远方的房屋向人们招手，
这广告一直要闪烁到夜深人静的时候。

走廊一片昏暗，传来人声回响，又是一阵静幽……，
警卫持着手枪，在各层楼上来回巡游……。
钢铸的保险柜立在墙角，里面装着成捆钞票。
年轻的警卫站在窗口，看见船只按信号从港湾开走，
还看见车站上红白火光如网，成串电灯如昼，城市渐渐睡熟。
深夜，摩天大楼矗立在烟雾之中，星光下又显得精神抖擞。

（转译自俄语）

□ 爵士乐幻想曲

爵士乐队在演奏曲调！
铜鼓在咚咚地擂响，班卓在哀怨地拨撩，
萨克管那弯曲的喉咙在痛哭，
指关节在铃鼓上无情地猛敲，
长号在不住地打嗝，笛膜在吱吱地鸣叫，
呜呜，沙沙……缥缥，缈缈……
仿佛秋风在树梢间呼啸，
好似痛苦和恐惧的号啕，
又像小汽车为逃脱警察的摩托而疯狂尖叫。
爵士乐队在演奏曲调！
铜鼓、班卓、黑管、铃鼓、小号齐鸣，
宛如两个醉汉在楼梯上摔跤，
刚试着交手，便沿着台阶轰然坠掉，
乐曲那嘹亮的号角……远方密西西比河翻滚着波涛，
夜间的轮船鸣着汽笛，沿着黑暗的河床逆流而上，
用绿色的信号灯向遥远的星光探照……
一轮红色的月亮在降落，顺着岸边峰峦的陡峭……
爵士乐队在演奏曲调！

（转译自俄语）

朗费罗 ［美国］

▷▷▷

亨利·沃兹沃思·朗费罗（1807—1882），美国著名诗人。生于缅因州的波特兰，曾在波多因大学读书。1826年至1829年，赴欧洲旅行，回国后历任大学教授。1946年辞去教授职位，专心致力于文学，其作品蜚声国际文坛。

他的主要作品有《海波里昂》《夜之声》《西班牙学生》《伊凡吉兰》《海华萨》《迈尔斯·斯坦底斯求婚记》等。

《我逝去的青春》描写他的童年。他对波特兰的回忆是由但丁的诗句引起的，每段中的叠句则来自一首拉普兰歌。有人批评朗费罗是一个传统模仿者，但他仍不愧为最有成就的美国文学家之一，是一位被公认的美国大诗人。

□ 我逝去的青春

我常常想起那座美丽的小镇，
它旁边是一望无际的海洋；
可爱的古镇中那些欢乐的街道，
不时地在我的脑海中上下浮荡，
于是，我的青春便回到我的身旁。
有一首拉普兰歌曲的诗句，

依然萦绕在我的心上：
“男孩的意志就是风的意志，
青春的思想是悠长、悠长的思想。”

我可以望见镇中树木的轮廓，
有时，也突然间向远方眺望，
那四周的海水在熠熠发光，
海中的岛屿如金星闪亮，
充满了我孩提时的幻想。
那首古老歌曲的主题，
依然在低语轻唱：
“男孩的意志就是风的意志，
青春的思想是悠长、悠长的思想。”

我记得那些乌黑的码头和船台，
汹涌的潮汐在自由地落涨；
那满咀胡须在西班牙水手，
那美丽而神秘的船只，
还有那充满魔力的海洋。
那首刚劲的歌曲的回声，
依然在唱，依然在讲：
“男孩的意志就是风的意志，
青春的思想是悠长、悠长的思想。”

我记得樯桅停泊在岸旁，

堡垒屹立在山岗，
日出时大炮在沉重的轰鸣，
战鼓在不停地擂响，
还有号角狂热而高亢。
那首古老歌曲的音乐，
依然在我的记忆中回荡：
“男孩的意志就是风的意志，
青春的思想是悠长、悠长的思想。”

我记得远方的海战，
在波涛上如雷声轰响！
当战死的船长已在坟墓中安息，
他们还在把宁静的海湾遥望，
那里曾是他们捐躯的战场。
那首哀悼的悲歌的音响，
正满怀激情地穿过我的心房：
“男孩的意志就是风的意志，
青春的思想是悠长、悠长的思想。”

我能望见树丛顶上微风荡漾，
猎鹿的树林中一片荫凉；
那往日的友谊和最初的热恋，
和安息日的声响一同回到身旁，
正如寂静邻居的鸽群飞翔。
那首古老而甜蜜的歌曲的词句，

依然像展开了翅膀：
“男孩的意志就是风的意志，
青春的思想是悠长、悠长的思想。”

我记得光明和阴暗，
急速地穿过学生思想；
心中的欢歌和沉静，
一部分是美好而动人的预言，
一部分是亢奋而徒劳的热望。
那一阵阵的歌声，
接连不断，从不绝响：
“男孩的意志就是风的意志，
青春的思想是悠长、悠长的思想。”

有许多事情我可以不讲，
但许多梦境却不能消亡，
有许多思想可以使坚强的心脏软弱，
可以使脸颊一片苍白，
可以使眼前蒙上雾嶂。
这首悲惨歌曲的歌词，
使我感到无限惆怅：
“男孩的意志就是风的意志，
青春的思想是悠长、悠长的思想。”

当我把亲爱的古镇造访，

遇见的情景使我感到异样；
但故乡的空气纯洁而又甜蜜，
每条有名的街道都是一片荫凉，
枝叶在上上下下地摇晃，
把美妙的歌曲吟唱，
也在不住地叹息、低语：
“男孩的意志就是风的意志，
青春的思想是悠长、悠长的思想。”

猎鹿树林里清新而美好，
我的心儿走回去那里徬徨，
欢乐中又几乎全是痛苦和忧伤，
在昔日的梦幻之中，
我重新寻见逝去的青春时光。
那首陌生又美好的歌曲，
小树林依然在反复吟唱：
“男孩的意志就是风的意志，
青春的思想是悠长、悠长的思想。”

（译自英语）

□ 乡村铁匠

在枝繁叶茂的栗子树下，
有一家乡村铁匠小店；
铁匠是个身强力壮的男子，
一双大手筋骨刚健，
他遒劲的胳膊布满肌肉，
结实得像是一对铁圈。

他卷曲的头发又黑又长，
他黝黑的脸色亮光闪闪；
他的额头被诚实的汗水浸湿，
他的生活一切如愿，
他能够正视整个世界，
因为他不需任何人的哀怜。

周复一周，从早到晚，
他风箱的呼声从不间断；
他不停地挥舞着沉重的铁锤，
敲击声既有节奏，而且缓慢，

就像每天日落黄昏时，
教堂习事把村里的大钟震撼。

每当孩子们放学回家，
总爱朝畅开的大门里观看；
他们喜欢看炼铁炉腾起的火焰，
喜欢听风箱那沉闷的呼喊，
他们喜欢看火花空间飞舞，
就像打谷场上糠皮四溅。

礼拜天，他到教堂里去，
坐在孩子们的中间；
他听牧师祈祷和传教，
听女儿的歌声婉转，
女儿参加了村里的唱诗班，
这使他内心非常喜欢。

他觉得这歌声像她母亲的声音，
仿佛正欢唱在伊甸园！
他又一次想起了她母亲，
正在坟墓中静静长眠；
他用结实粗壮的大手，
把眼角的泪水擦干。

他一生中尝遍各种滋味，

艰辛，——欢乐，——忧愁；
每个清晨望见他开始工作，
每个傍晚望见他关上小店，
有些事刚刚打算，有些事已经做完，
终求得夜晚的安眠。

感谢你，我可敬的朋友，
是你给了我宝贵的指点！
就仿佛在生活的锻铁炉中，
我们的命运应受到熔炼；
我们每个燃烧的行为和思想，
也像被锻造在叮当作响的铁砧。

（译自英语）

□ 日暮

日暮黄昏，那黑暗，
降落自夜的翅膀，
就像雄鹰在天空飞翔，
羽毛脱落，向下飘荡。

我望见村里的灯火，

透过雨雾一片明亮，
一种悲伤的情绪向我袭来，
使我的心灵无法反抗。

这种悲伤和渴望的情感，
和痛苦还不十分一样，
仅仅只和忧愁类似，
就如雾和雨有些相仿。

来，给我读一些诗歌，
读一些朴实而诚挚的叙事诗行，
这将会抚慰那不平静的感情，
并排除白天的种种思想。

不需读那些古典大师的名著，
不需读那些卓越诗人的华章，
他们遥远的脚步回响，
正穿越时间的长廊。

因为，他们那坚定的思想，
就像军乐那样激昂，
会使人想起人生不尽的痛苦、劳顿；
于是，我今晚把休息盼望。

要读一些微贱诗人的作品，

他们的歌迸发自肺腑心房，
就像夏季云中的阵雨，
也如泪水从眼睑下流淌。

他们在漫长的白天辛劳，
夜间也不能悠闲舒畅。
但可听见他们心灵的歌唱，
旋律是那样美妙、悠扬。

这样的歌声才具有力量，
可以平缓人们中的忧伤。
它紧跟着祈祷来到，
就像美好的祝福一样。

然后，再从珍藏的书籍中，
读一些精心选择的诗章，
同时加入诗人的韵律，
以及那美妙的音响。

这样，夜晚将充满音乐，
那白天的焦虑和忧伤，
便会悄悄地离向远方，
宛如阿拉伯人寻见自己的篷帐。

（译自英语）

□ 见证

带着锁链的骨骼，
脚和手被牢牢绑捆，
在海洋上随波飘流，
在沙砾中半露半隐。

白骨上落满露水，
比钩坠还陷得更深；
再没有满载的船只，
在这里上下浮沉。

黑奴船曾在那儿航行，
船只装满了人群，
他们削瘦的四肢被捆绑，
因风暴颠簸而变为畸形。

这里是奴隶的尸骨，
他们在地狱里满目仇恨；
他们在浪谷中呼喊：

“我们是见证人!”

大地辽阔无垠,
市场上出卖活人,
他们颈上套着链条,
手被镣铐锁紧。

死亡者的躯体横躺沙滩,
老鹰当成食物扑擒;
杀人者的面容恐怖可怕,
游戏的学生四散逃奔!

一切罪恶的思想和行为,
狂怒、贪欲和妄尊,
最污秽和最难闻的杂草,
窒息了阵阵生命的呻吟。

这是奴隶们的灾难,
地狱中的目光无比激愤;
他们从无名的墓地呼喊:
“我们是见证人!”

(译自英语)

兰斯顿·休斯 [美国]

▷▷▷

兰斯顿·休斯（1902—1967），美国黑人作家和社会活动家。主要作品有短篇小说《白人的习惯》（1934）、话剧《难道您不想自由吗？》（1938）及其他。他的诗作欢快豪放、生气盎然、幽默诙谐、寓意深刻。

□ 自由人

狂风呵，如果你有力量，
可以去擒住汹涌的海浪；
而我不愿做爱情的奴隶，
我要在世界上自由来往。

兔子可以渐渐地驯服，
狗熊在锁链中也会安详；
而我这颗习惯于自由的心呵，
永远也不会被关进铁窗。

（转译自俄语）

□ 混血儿

我的母亲，她是一个黑人，
我的父亲，据说是个白人。
我不止一次诅咒过我父亲，
但过后又感到有些懊恨。

如果我在过去什么时候，
曾经诅咒过我的母亲；
那我现在会收回这些咒骂，
内心感到无限的怜悯。

我父亲死在高楼大院，
而母亲却在茅草棚里丧身。
我将死在何处呢？
我既不是白人，又不是黑人。

（转译自俄语）

□ 如果……

如果在我破烂的衣袋里，
装着一百美元；

那我要买一头毛驴，
自在地骑在上边。

如果我有一千美元，
那我就要买一辆小汽车，
在大路上飞快地行驶，
让后面的尘土飞卷。

如果我有一百万美元，
那我就要买一架飞机
去周游整个美利坚，
到处都会受到称赞。

但是，我没有一百万美元，
衣袋里甚至没有一分钱。
只是因为这个“如果”呵，
生活好像还挺美满。

（转译自俄语）

□ 空洞的歌[①]

人们对我说：

①这是一首勃柳兹歌曲，是一种黑人忧郁性的歌舞乐曲。

北方生活不错。
人们对我说：
北方生活不错。
可我到了北方，
分文也没得。
早饭的时间，
我把清晨的空气喝。
早饭的时间，
我把清晨的空气喝。
到晚饭的时间，
黄昏的空气浓又多。

我还要跳舞，
我还要欢乐。
我还要跳舞，
我还要欢乐。
我还要高唱，
一支空洞的歌。
你最好不要问，
有关我的生活。
你最好不要问，
有关我的生活。
你只要听一听，
我在唱些什么。

（转译自俄语）

海伦·福斯特·斯诺［美国］

▷▷▷

海伦·福斯特·斯诺，美国著名记者埃德加·斯诺的妻子。毕生致力于中美友好。她一生著作颇丰，有散文、诗歌。她去世后，她的侄女谢尔·福斯特·毕绍夫在清理遗物时，在一个纸箱里发现了这首诗。从海伦的原始笔记可以判断，该诗大约创作于1996年9月，很可能是她一生中的最后一篇作品。

□ 寄安危

安危生活在遥远的西北，
那是中华民族的诞生之地。
始皇帝的陵墓依然耸立，
华人和蒙古人都喜欢纯净的空气。

宝鸡是他的故乡，
丝绸之路源远流长。
六个弟兄和一个姐姐，
他的家庭七代来奋斗自强。

他们的祖母信奉基督教，

安危有幸到外界去深造。
他是最有希望的一个儿子，
他是全家人的欢乐与骄傲。

他有幸进了高等学府，
每一次考试都是高分。
他喜欢《汤姆叔叔的小屋》，
但最爱读马克·吐温的作品。

安危大约诞生于1945年，
已有近五十二岁的年纪。
他曾去西安的大学就读，
而且常出国访问、游历。

他是美国问题的专家，
也熟知古老的苏格兰。
他了解世界上许多城市，
其学识并非一星半点。

安危具有独特的性格，
所有的外国人都很喜欢。
那是中西合璧的最佳典范，
既具有魅力又情趣盎然。

他们都充满魅力和情趣，

他在古城西安成年而立。
他与一位大学教师结为伉俪，
她妻子的名字叫牛曼丽。

曼丽也让外国人欢喜，
她同样能做很好的翻译。
对于一个新兴的现代化民族，
他们堪称一对模范的伴侣。

明尼苏达是他们的姊妹州，
他们不时前往访问。
他们也常来康涅狄格，
看望一下雪伦·柯雷恩。

他们常常去堪萨斯城，
那是埃德加·斯诺的故乡。
他出版了埃德加的传记，
正如许多中国人所知道的那样。

（译自英语）

□ 友 谊[1]

——致安危

友谊非杂草，
丛生道路边。
友谊需栽培，
日日勤浇灌。
君晓友谊真，
理论又实践。
置身困惑处，
坚定且友善。

（译自英语）

①《友谊》一诗曾于1989年获美国《诗歌世界》举行的诗歌竞赛荣誉奖。

列努埃尔 [海地]

▷▷▷

雅克·列努埃尔，海地诗人，生于1917年。曾写过多本诗集，本诗译自手稿。

□ 追扑

早在一百多年以前，
他们就是这样迫害黑人……

今天，恐惧像绳索一根，
将我的脖颈套得紧紧。
我急促地喘着气，
拼命地向前飞奔……
追扑的脚步如惊锣呵，
震撼着我的心……
“抓住逃跑的黑人”……
“抓住逃跑的黑人”……
声音越来越近……
我会立刻被抓住，
立刻被囚禁……

死期也即将来临……
然而，不呵，——
任他们到处搜寻吧：
而我要迈开双脚，
向前狂奔……
跌倒再爬起，
藏身入森林！
我呵，饥渴交加，
衣不遮身。
终于呵，
我像野兽一样，
扑向游击队的哨兵，
扑向我的亲人，
扑进自由的大门！
此刻呵，
我的笑声在山间回荡，
宛如那雷声滚滚……

（转译自俄语）

何塞·何罗恩索·伊·特雷里耶斯 [乌拉圭]

▷▷▷

何塞·何罗恩索·伊·特雷里耶斯（1987—1924），乌拉圭诗人，出生在西班牙。1875年移民至南非。经过几年的颠沛流离，最后定居在乌拉圭，几乎在此度过一生。他的第一批诗歌，于19世纪末发表在首都蒙得维的亚的杂志上，并立即以抒情的笔法引起关注。在漫长的岁月里，他的诗作几乎没有出版过，而是被一些流浪的民歌手传唱，直到1916年，其部分作品才被收进诗歌集《喝彩的芬芳》。

□ 血迹

主人，请把这烈酒，
斟入这只大茶缸，
我要一口气把它喝完，
以赶走那满腹的悲伤。

痛苦压迫着我的胸膛，
喉咙间堵得发慌，
紧咬的嘴唇充满热望，
就像烈火烧烧一样。

主人，请给我一把吉他，
曾记否，今天所见到的一切
我将会遗忘……

　　趁着霞光我回到家乡，
我四处张望——在我家的大门旁，
一摊莫名的血迹，
残留在柔软、温漉的草地上……

　　也许，是邻居的狗，
被某人击伤，
但是，邻居从不养狗，
这狗又来自何方？

我翻身下马，扑向门旁，
我发现，爱人已不在床上……
主人，请再斟些酒，
我的喉咙正烈火烧旺。

主人，四处也寻觅不见，
我无价的爱人，
她嫁给我为妻，
是最漂亮的姑娘。

就是在天堂里也没有，
这样幸福的大牧场……
再给我斟上一小杯酒吧，
我好把这血迹慢慢消忘。

（转译自俄语）

米盖尔·安德雷斯·卡米诺 [阿根廷]

▷▷▷

米盖尔·安德雷斯·卡米诺（1857—1924），阿根廷诗人、记者。他的诗歌表现了高卢人和印地安人的日常生活。曾出版多本诗集，1939年，他把自己的作品合为一部诗集《风景·人和诗歌》。

□ 太阳和月亮

太阳看见月亮，
说道：“再见，我要走了！”
但当一天刚刚开始，
太阳又回来了。

月亮也要下岗，
它说：“那我也要走了！”
但当夜幕降临，
月亮又回来了。

这是情侣之间的游戏，

我也曾如此这样，
就像太阳和月亮，
我又回来了。
我对所有人说：
“再见，我要走了！”
但每一次，我却又回来了。

（转译自俄语）

第三部分

非 洲 诗 人

布札叶尔［阿尔及利亚］

▷▷▷

霍辛·布札叶尔，阿尔及利亚当代著名剧作家和诗人。他的主要著作有剧本《永不熄灭的太阳》《谢尔卡吉》和一些诗歌。

□ 基色

鲜血是红色，
仇恨涌着红浪；
夏天也是红色，
还有红色的月亮。

天空是蓝色，
恐惧闪着蓝光。
哨兵披一身蔚蓝，
像一道蓝色的墙。

绿色的希望，
绿色的海洋，
高山一片翠绿，
还有满山的绿军装。

昼日充满白色，
还有白夜的光芒；
苍白的失眠，
伴看狱中白色的灯光。

监狱是黑色，
墨水也是黑色；
写出黑色的篇章，
写出黑色的诗行。

（转译自俄语）

姆哈姆萨吉 [阿尔及利亚]

▷▷▷

卡杜尔·姆哈姆萨吉，阿尔及利亚当代诗人。其作品有诗集《要阿尔及利亚！》等。

□ 孩子的梦

孩子依靠着天堂的大门，
等待着自己的父亲；
他等待着，似醒又似梦境，
他的脸颊上，一道道泪痕。
四周一片空旷，
身旁寂寥无人。

孩子孤苦伶仃，
他等待着自己的父亲；
他数数天上的星星，
他数数天边的彩云，
他看见成百个太阳在翻滚……
那是在蔚蓝色的大道上，
成百个囚徒的头颅，

他们被判处了死刑。
这些剃光的头颅就像太阳，
强烈的光芒射穿树荫，
也砍断了通向明天的道路，
连同孩子们幼小的心，
他们在寻找父亲……

（转译自俄语）

阿戈斯提纽·内托［安哥拉］

▷▷▷

阿戈斯提纽·内托，生于1922年，杰出的安哥拉诗人和政治活动家。毕业于葡萄牙的医学院，曾长期在安哥拉做医生。他因积极参与政治活动而多次入狱。1962年7月，他越狱逃跑，曾当选为安哥拉人民解放活动党的主席和民族统一组织的政治局委员。出版过两部诗集：《诗歌》（1961）和《无泪的眼睛》（1963）。

□ 创造

创造

  创造，

    创造，

      用心灵创造，

        用肌肉创造，

创造存在，

创造物质，

创造细胞，

睁着无泪的眼睛创造！

创造，创造，

描写森林的浩瀚，
描写长鞭的残暴，
描写被分割的海岛，
创造，
睁着无泪的眼睛创造！
创造，
向着刺刀和凶残嘲笑，
培育弱者心中的信念，
唤醒力量把残暴打倒，
在缺乏信念的血液中把坚定铸造，
创造，
睁着无泪的眼睛创造！
创造，
创造星光闪耀，
把战争的阴霾笼罩，
创造平静，不让孩子们哭叫，
创造和平，不让汗水如雨浇，
不让奴隶流泪，
创造和平，熄灭仇恨的火苗，
睁着无泪的眼睛创造！
创造，创造，
创造奴隶的自由大道，
在受污辱者的路上播撒爱情，
割断绞刑架上的绳套，

创造生命！

创造爱情！

睁着无泪的眼睛创造！

（转译自俄语）

阿吉纳尔杜·佛恩赛卡［佛得角］

▷▷▷

阿吉纳尔杜·佛恩赛卡，生于1922年，非洲佛得角诗人。曾加入杂志《光明》文学小组，是一个通俗诗歌作者，其作品触及一些社会问题。1954年，出版诗集《地平线》。

□ 诗人与人民

人民在饥寒哀号，
但无人为之哭泣，虽然都听到；
人民被抛进沼泽和泥淖，
但无人为之哭泣，虽然都看到。
人民在苦难中死掉，
但无人为之哭泣，
任其在狱中，戴着镣铐……

诗人写下了这一切，

因此，比所有华章更好……
但这不是诗人的声音，
而是人民的呼号！

（转译自俄语）

加布里埃尔·马利阿努 [佛得角]

▷▷▷

加布里埃尔·马利阿努，生于1928年，在佛得角从事民间创作的教学工作，曾参于杂志《信念》的创刊，是佛得角新一代的著名诗人。他的反战诗歌广泛流传。

□ 谁想要战争?

那些渴望战争的人，
不是我，也不是希吉妮娅，
不是你，也不是列拉……
他们离我们很远，
身体肥胖而优雅。

那些惧怕和平的人，
不是我，也不是希吉妮娅，
不是你，也不是列拉……
是他们在贩卖军火，
是他们在收购子弹，
这些人拥有枪炮，
手中握着刺刀，

但不是我们！

要知道，希吉妮娅只有身体，
而列拉只有希吉妮娅。
我只拥有和平，
以便生活得更好，
而你只有饥饿，
人一多便无法吃饱……

那些渴望战争的人，
不是我，也不是希吉妮娅，
不是你，也不是列拉……

后 记

光阴荏苒，岁月如梭。我不觉已步入古稀之年。回顾一生，学外语、习文学、搞翻译，虽然也痴心不改，倾注热情，但成果寥寥，常使我怀羞愧之心。2010年，在陕西省翻译工作者协会成立30周年的大会上，中国译协的常务副会长唐闻生女士亲手向我颁发了“资深翻译家”的荣誉证书，更使我诚惶诚恐。虽然我从事文学翻译数十年，但可以示人的东西并不多。“盛名之下，其实难副”，这个头衔使我寝食难安。

静下心来，细细思考，觉得我的译诗尚可公示于人。于是，便萌生了编一本我的译诗选集的念头。此念一生，便忙碌了起来，翻箱倒柜，把我多年发表的译诗都找了出来，如同寻找失散多年的孩子，要为他们组建一个新的家庭。

说到翻译诗歌，还要从20世纪60年代说起。当时，我大学已经毕业，正在西安市一所中学任教，仅利用业余时间译一些短小的文艺作品。后来读到阿尔巴尼亚诗人拉扎尔·席里奇的几首诗作，便尝试着译了出来，并投寄给了《西安晚报》，不料竟得以发表，这使我喜出望外，也增强了我的信心。从此，便一发而不可收。我不断地在寻找佳作，并译为汉语。我的译诗也就飞出陕西，飞向了全国。从20世纪80年代开始，我的译诗便陆续发表在《星星》《青海湖》《鹿鸣》《绿风》《福建文学》《当代诗歌》等刊物上。那是一个丰收的季节，也是我译诗的鼎盛时期。回忆起来，心中充满了无限的欣慰。后来，我又集中精力翻译了俄国大诗人亚历山大·勃洛克的诗歌选集，并由陕西人民出版社出版发行，第一版就印了5000余册，在全国销售一空。这是我在译诗道路上最大的一次收获。

鲁迅先生曾说过："翻译外国的诗歌也是一种要事，可惜这事很不容易。"通过多年翻译诗歌的实践，我深感鲁迅先生所言极是。

译诗对译者的要求很多。不仅要求译者要有较高的外语水平，而且要具备相当深厚的汉语功底，并通晓韵律。诗歌译者也应是一个诗人。只有诗人译诗，才能译出诗的韵味。

在长期译诗的实践中，我也逐渐探索出一些译诗的技巧和规律。

首先，是形似和神似的问题。有一种观点，认为译诗和原诗必须保持绝对的形似，要求译诗在诗行、音步、韵律等方面都要和原诗保持高度一致；另一种观点则强调神似，认为不必考虑形式的一致，甚至，散文化亦可。我以为，这两种观点似乎都有些偏颇。前者会导致机械僵硬，而后者则会导致随心所欲。我主张，诗歌翻译应当做到："基本形似，力求神似。"没有神似，形似就成了僵死的躯壳；而没有形似，神似也就失去了赖以生存的基础。根据这一原则，我在翻译每一首诗时，都注意和原诗保持基本的形似：如诗行的排列、交错；每节诗行字词的多少，句子的长短等。在此基础上，努力去体现原诗的思想感情、语言特色、深刻内涵和不同时期的不同风格。

其次，是押韵问题。这是诗歌区别于其他文体的重要标志之一。我既不同意散文化，把有韵的诗歌译为分行的散文，也不同意机械地照搬，在汉语译文中，对等地去体现 aabb、abab 或 abba 的外国韵律。在翻译的过程中，应考虑到，语言不同，押韵的方式也应随之而异。可以依照原诗的韵脚，也可以根据汉语的习惯，不必过于拘泥。

还有，在译诗过程中，是否允许译者在忠于原文的前提下，做稍加解释性的引申呢？我以为，在一定情况下，是应当允许的。因为，有些过于晦涩的诗，读原文尚且相当费解，真译成汉语就更是不知所云了。如果逐字死译，那译诗则犹如不译。我在翻译的过程中，对个别过于难懂之处，就进行了这样的处理。正如一个密封的宝盒，译者在上面凿一小孔，以期让读者能窥见其中的奥秘。

我感到，在以上这些方面，都给诗歌译者开辟了广阔的创造天地。译者可以在其中尽显才华，大显身手。

本诗集所收集的译诗，多为俄国诗人的作品，也有欧洲、美洲、非洲诗人的诗歌，故定名为《外国诗歌品吟——意强译诗选粹》。多数译自俄语或英语，也有少数是转译自俄语，这有可能会影响到译诗的质量。但也有人说过：有一百个人译诗，便会有一百种译法。我译的诗，也只是一种，只能起到抛砖引玉的作用。我期待着有更好的译文问世。

在本诗集编印的过程中，杨德新同志曾给予大力鼎助；许歌同志精心设计了封面；我的大学好友，翻译家、喜剧美学家陈孝英先生，在百忙之中，专程撰写了热情洋溢的序言。这都让我深受感动，在此，特致谢意。

本诗集付印之时，正值全国人民热烈庆祝中国共产党建立 90 周年之际。作为党培养的新中国知识分子的一员，我谨以此书作为党的生日的献礼，以向党汇报，以表感恩之情。

译　者

于辛卯年夏日